中国国际进口博览会
与全面开放新格局

邹 磊 著

China International
Import Expo

上海人民出版社

本书系

中宣部重大项目"习近平总书记关于改革开放重要论述研究"（2018XZD06）、

上海市人民政府决策咨询研究商务专项课题《上海改革开放再出发开放型经

济发展路径与举措调研》（2018-Z-S08）阶段性成果

暨中共上海市委党校（上海行政学院）2018 年智库研究重点成果

目　录

引 言

　　2018年11月5日至10日，备受瞩目的首届中国国际进口博览会在上海国家会展中心隆重举行。这是当年我国四大主场外交的收官之作，也是纪念改革开放40周年系列活动的重要内容。习近平主席在开幕式上的主旨演讲明确表达了中国持续扩大对外开放、建设开放型世界经济、构建人类命运共同体的坚定立场，为促进全球共同发展提供了中国方案、中国信心。①

　　在此一年半之前，习近平主席在首届"一带一路"国际合作高峰论坛上向全球宣布，"中国将从2018年起举办中国国际进口博览会"。以此为契机持续扩大进口，中国全方位对外开放步入"加速期"，中国市场已是全球机遇，进口博览会迅速成为炙手可热的对外交往名片和国际公共产品，四叶草（国家会展中心形象）、进宝（博览会吉祥物）和"新时代，共享未来"（博览会口号）日益为全球客商和普通消费者所熟知。（参见图1、图2。）

图1　中国国际进口博览会吉祥物"进宝"
沈　炜/供图

　　① 习近平：《共建创新包容的开放型世界经济——在首届中国国际进口博览会开幕式上的主旨演讲》（2018年11月5日，上海），《人民日报》2018年11月6日。

图2　国家会展中心（上海）

一、"这不是一般性的会展"

习近平总书记曾在许多场合强调中国国际进口博览会的"不一般"。例如，在2018年4月的博鳌亚洲论坛年会开幕式上，他向全世界宣布中国在扩大开放方面的重大举措：

> 今年11月，我们将在上海举办首届中国国际进口博览会。这是个大平台，今后要年年办下去。这不是一般性的会展，而是我们主动开放市场的重大政策宣示和行动。欢迎各国朋友来华参加。①

那么，如何理解这个"不一般"呢？首先就在于它的高规格和受重视程度。国务院副总理、首届中国国际进口博览会筹备委员会主任胡春华曾用"三个亲自""两个重大"来加以强调：

---

① 习近平：《开放共创繁荣　创新引领未来——在博鳌亚洲论坛2018年年会开幕式上的主旨演讲》（2018年4月10日，海南博鳌），《人民日报》2018年4月11日。

举办中国国际进口博览会,是习近平总书记亲自谋划、亲自提出、亲自部署推动的,是以习近平同志为核心的党中央着眼新一轮高水平对外开放作出的重大决策,是我们坚定支持贸易自由化、主动向世界开放市场的重大举措。①

在中央层面,习近平总书记对精心筹办好进口博览会作出了一系列重要指示批示,尤其是在中央深改组第三十六次会议、中央财经领导小组第十六次会议上提出了明确要求。李克强总理在2018年《政府工作报告》中专门强调,要办好首届中国国际进口博览会。国务院成立了由34个部委、相关单位和上海市共同组成的进口博览会筹委会,汪洋、胡春华先后担任主任委员,亲自指挥,多次研究部署筹备工作。商务部将此视作2018年"商务领域一项重中之重的工作",并在上海注册成立中国国际进口博览局,开展博览会的具体承办工作。此外,在国务院国资委的统一组织下,98家央企还联合成立了进口博览会中央企业交易团;国家卫生健康委也积极组织相关医疗机构,成立交易团。

在地方层面,作为共同主办方之一,上海从一开始就明确要"举全市之力做好各项筹备工作,确保首届中国国际进口博览会取得圆满成功",同时"放大进口博览会的带动和溢出效应"。各地区、各部门、各行业和社会各界也都行动起来投身到服务保障工作中,城市的交通、绿化、景观、安保、社会治理等也都因进口博览会而得到了一次系统检验和升级,整个上海进入"进口博览会时间"。倒计时200天、倒计时100天等每个关键时间节点,都伴随着全市范围的广泛动员。为了积极推进展前展中展后、线上线下供需对接,促进参展商和采购商扩大成交,上海交易团建立了"6天+365天"线上线下平台、四大采购商联盟和18个交易分团的"2+4+18"组织架构。时间越是临近,与进口

---

① 《首届中国国际进口博览会倒计时100天》,《人民日报》2018年7月28日。

博览会有关的概念、标识、活动越是变得随处可见。在上海地铁2号线和10号线两条国家会展中心配套地铁线路上，还开通了"进口博览会专列"。(参见图3、图4、图5。)长三角地区三省一市共同签署了《长三角地区协同做好中国国际进口博览会服务保障工作合作协议》，旨在

图3　上海城市的进口博览会宣传　徐　汇/摄

图4　进口博览会专列　李　晔/摄

图5　首届中国国际进口博览会倒计时100天　邵　敬/摄

合力做好服务保障，共同用好发展机遇。此外，各省区市、计划单列市和新疆生产建设兵团也陆续组建了交易团。

在外交层面，自"一带一路"国际合作高峰论坛起，习近平主席等中央领导在会见外宾和出席重大国际场合时都大力宣传推介首届中国国际进口博览会。因此，在APEC工商领导人峰会、博鳌亚洲论坛、上合组织青岛峰会、中阿合作论坛部长级会议、金砖国家领导人峰会、中非合作论坛北京峰会、中国—中东欧国家领导人会晤等国际舞台上，进口博览会都是中方力推的重要名片。例如，在2018年7月的金砖国家领导人峰会期间，习近平主席强调"这是中方坚定支持贸易自由化、主动向世界开放市场的重大举措，将为各方进入中国市场搭建新的平台"。①

除了高规格之外，与世博会、广交会等国内外大型展会相比，首届进口博览会又有哪些"不一般"呢？

首先，主题"不一般"。进口博览会是有史以来全世界第一个以进口为主题的国家级展会，在漫长的国际贸易发展史上亦无先例可循，是名副其实的中国倡议、中国方案。作为一项创新之举，首次展览面积就达到30万平方米，堪称规模空前，在国际商业展中也属于前列。

其次，内容"不一般"。进口博览会包括国家贸易投资综合展、企业商业展和虹桥国际经贸论坛三个部分，集展示、交易和论坛于一体，相当于世博会、广交会、博鳌论坛的"三合一"，架构模式有别于其他展会。在6天的时间里，进口博览会不仅提供货物和服务交易，还承接了国家发展成就展示、全球经贸领域重大问题探讨等多重功能，是一个国际合作的综合性公共平台。②

---

① 习近平：《顺应时代潮流　实现共同发展——在金砖国家工商论坛上的讲话》（2018年7月25日，约翰内斯堡），《人民日报》2018年7月26日。
② 参见进口博览会筹委会办公室副主任、商务部副部长兼中国国际进口博览局局长王炳南在首届中国国际进口博览会"倒计时100天"新闻发布会上的答问。

第三，时机"不一般"。当前，全球政治经济格局正经历快速转型重组，逆全球化、贸易保护主义、经济民族主义和民粹主义等思潮抬头。贸易战加剧了全球市场尤其是发展中国家的焦虑和恐慌，使第二次世界大战以后形成发展起来的国际多边贸易体制和规则处于风雨飘摇之中。要对话还是要对抗，要共发展还是要贸易战，要扩大开放还是要保护主义，这些都是各国决策者必须直面的重大抉择。在此背景下，中国以举办进口博览会为契机主动扩大进口，为世界经济发展注入了正能量，提供了积极预期。正如联合国和世界贸易组织的合设机构国际贸易中心执行主任冈萨雷斯所说，中国国际进口博览会是中国向外界传递的一个积极信号，以进口为主题举办会展，标志着中国从"全球工厂"转向"全球市场"。①

二、"各个国家的大合唱"

正如习近平主席在开幕式上所说，中国国际进口博览会不是中国的独唱，而是各个国家的大合唱。在国家贸易投资综合展中，共有82个国家（含中国）和3个国际组织参加。81个受邀国家中既有发达国家，也有发展中国家和最不发达国家；分布遍及五大洲，其中亚洲20国、非洲8国、欧洲21国、美洲21国、大洋洲11国。4 500名全球政商学研各界嘉宾齐聚虹桥国际经贸论坛。

作为全球第一个以进口为主题的博览会，首届进口博览会的招展远超预期，各国（地区）报名十分踊跃，企业商业展的展位供不应求。据悉，企业展最初规划为7个展馆，展览面积共21万平方米。为满足

---

① 周蕊、郁琼源：《"进博会热"来袭！中国市场成全球机遇》，《新华每日电讯》2018年7月28日。

越来越多的报名需求，先后经过2次扩馆，展览面积扩充至27万平方米，9个展馆，增加了近30%的展览面积，仍难以满足全部需求，众多企业还在排队。据统计，共有来自全球151个国家和地区的3 617家企业（全部来自境外）参加首届进口博览会企业商业展，其中包括220多家世界500强和行业龙头企业。参展企业不仅来自二十国集团（G20）全部成员，还覆盖58个"一带一路"沿线国家。来自35个最不发达国家的企业也积极响应参展，展示服装及日用消费品、食品及农产品、保健品等最富本国特色的优质产品，以及当地丰富的旅游资源和人文特色。超过40万名境内外采购商到会洽谈采购，其中包括6 200多位境外采购商，累计进场达到80多万人。

从参展企业来源看，日本共有450家企业参加，面积约2万平方米，规模居各国之首。近180家美国企业也前来参展，数量仅次于日本和韩国，高通公司、通用电气、强生集团、通用汽车、杜邦公司等多家美国全球500强和跨国公司均由高管亲自率队参会。许多企业（机构）早早就签署了2019年第二届进口博览会的参展报名表。正如地中海—中国经贸组织负责人贝特朗·缪洛所说，"由于首届进口博览会食品农产品展区展位比较紧张，还有许多当地特色企业没能加入参展团，因此协会决定提前预约申请明年的展位，为更多的中小企业提供进入中国市场的机会"。①

一些国家纷纷将进口博览会视作新机遇。作为日本政府唯一推荐的组展机构，日本贸易振兴机构携日本企业全面亮相进口博览会企业展，其上海代表处首席代表小栗道明说道："在即将举行的首届中国国际进口博览会上，我们会把凝聚着享誉全球的'工匠精神'和'待客之道'的日本产品和服务介绍给更多的中国消费者。我们

———————————

① 周蕊、郁琼源：《"进博会热"来袭！中国市场成全球机遇》。

期待此次进口博览会将成为日本对华出口进一步扩大的一次转换大契机。"①新加坡驻上海总领事罗德伟（Loh Tuck Wai）表示，"新加坡将派出一支有实力的代表团参展，推广新加坡的优势领域，尤其是在金融服务行业，新加坡是国际金融中心之一，也是中国企业进入东南亚等地区进行海外投资的枢纽。新加坡有能力帮助中国企业进入国际市场，同时也非常乐意提供这些服务"。哥斯达黎加同时参加国家展和企业展，总统索利斯在接受媒体采访时说，"对于我们这些笃信自由贸易应继续向前发展的国家而言，像中国国际进口博览会这样的大型展会是我们实现愿望的框架平台"，"参展将使哥斯达黎加产品登陆中国市场的方式产生重大变化，中国市场将为哥斯达黎加未来发展创造良好条件"。②

首届中国国际进口博览会的企业展覆盖服务贸易、汽车、智能及高端装备、消费电子及家电、服装服饰及日用消费品、医疗器械及医药保健、食品及农产品等7个展区。据中国国际进口博览局介绍，从企业数量上看，服装服饰及日用消费品展区和食品及农产品展区的报名是最火爆的；从报名面积上看，智能及高端装备展区和汽车展区是最大的，特装比例超过95%。

食品及农产品展区展位是外商眼中的"抢手货"，国外食品企业希望借此机会拓展中国市场。例如，澳大利亚的贝拉米食品有限公司、大洋洲乳业有限公司等企业都在进口博览会上展示各具特色的产品，约10家新西兰葡萄酒商"组团"亮相进口博览会。正如比利时吉利莲中国总代理商上海泰得食品发展有限公司总经理魏文忠所说：

---

① 吴卫群：《从婴儿用品、珠宝到机器人，从高端体检到海外高校……首届中博会的"购物详单"出炉了》，2018年2月8日，https://www.jfdaily.com/news/detail?id=79418。
② 新华社：《哥斯达黎加总统说中国国际进口博览会对拉美至关重要》，2018年4月22日，http://www.xinhuanet.com/world/2018-04/22/c_1122723456.htm。

　　高端进口食品已不再是"王谢堂前燕"，正飞入寻常百姓家，我们迫切需要"渠道下沉"。借助此次进口商品博览会，我们希望能够帮助我们实现高效快速的渠道拓展；另一方面也能够向新老客户展现自身的实力。进口博览会汇聚了全球的品牌，提供了一个专业资源对接的平台。①

　　除了中国消费者耳熟能详的外国食品，本次博览会上还有大量不为国人所熟知的特色产品，包括塞浦路斯的哈鲁米奶酪、阿塞拜疆的巧克力、埃及的锡威枣、巴拿马的香蕉、埃塞俄比亚的咖啡、肯尼亚的紫茶、南非的博士茶、坦桑尼亚的夏威夷果、加蓬的咖啡和可可、乌干达的芒果干、贝宁的腰果、阿根廷的牛肉、法国科西嘉的美酒、阿尔巴尼亚的蜂蜜、加拿大的枫树叶汁、澳大利亚的全新乳制品、哥斯达黎加的特色农牧产品、佛得角的火山葡萄酒……超过4000件食品和农产品展品，近半都是第一次进入中国。

　　在汽车展区，沃尔沃、通用汽车、奔驰、大众、福特、宝马、丰田、日产、菲亚特克莱斯勒、特斯拉、捷豹路虎、现代起亚、标致雪铁龙等全球主流汽车品牌纷纷在展会上呈现其在新能源和智能化领域的新产品。在中国市场人气颇高的特斯拉继宣布在上海开设美国之外首个工厂之外，也携Model S、Model X、Model 3参展。

　　不少行业龙头企业高度重视首届进口博览会，在展会上首发其新产品、新技术，首次进入中国的展品多达5000余件。"会飞"的汽车、"人机对战"乒乓球机器人、微软开发的全息眼镜、全世界最小的心脏起搏器、全世界最薄的血压仪、婴幼儿专用的核磁共振仪、"万物互联"的智能工厂解决方案、近200吨重的"金牛座"龙门铣、价值近2

---

　　① 吕进玉：《吉利莲中国总代理商魏文忠：进口博览会令人期待，不仅吸引人气更在于资源对接》，2018年7月9日，https://www.yicai.com/news/5437649.html。

亿元的AW189超中型直升机……这些产品都在展会上亮相,勾勒出一幅未来智能生活的图景。

此外,一些世界500强企业以整个集团的形式参展。例如,杜邦以整个集团的形式参加进口博览会,这是近十年来杜邦公司最大的参展规模,产品涉及智能穿戴设备、3D打印、手持设备、电动汽车、生活和运动等一系列科技生活领域;德国大众集团高度重视本次进口博览会,携旗下大众、奥迪、保时捷、宾利、兰博基尼五大品牌参展,整体展览面积达到3 000平方米。

作为一个"买全球、卖全球"的开放性平台,一边是参展国家和企业跃跃欲试,另一边是国内采购商和消费者摩拳擦掌。一系列对接会和配套活动如火如荼开展,天猫国际、绿地、百联、光明食品、苏宁、东浩兰生、中国银行、中远海运等一大批跨境电商、大型零售商、综合贸易服务商、金融机构、港航企业等也都快速行动起来,博览会专业观众和社会观众报名踊跃。可以说,首届中国国际进口博览会已成为名副其实的国际盛会。

中国进口贸易的增长并不是新现象。那么,当前中国是在怎样的国内和国际形势下主动扩大进口、扩大开放,并高规格筹备举办中国国际进口博览会呢?

以进口博览会为契机主动扩大进口,究竟是中美贸易战背景下采取的权宜之计、被动之举,还是真正着眼于推动新一轮高水平开放、深化"一带一路"国际合作、构建开放型世界经济和人类命运共同体的长远谋划、主动作为呢?

自2017年5月提出以来,这一世界贸易发展史上的首创之举是如何在短时间内从无到有,迅速从中国倡议变成"国际一流博览会"的呢?

除了上述展区和产品之外,各方如何参与首届进口博览会,又有哪些不一般的亮点内容值得期待和关注呢?

虹桥国际经贸论坛能否成为中国版的达沃斯论坛？

6天精彩如何延续至365天，如何打造"永不落幕的进口博览会"呢？

伴随着进口博览会的举办，扩大进口将分别给中国经济、地方发展、企业投资经营和普通人生活带来哪些机遇呢？

未来5年，中国预计进口10万亿美元的商品和服务；未来15年，中国进口商品和服务将分别超过30万亿美元和10万亿美元。对于外部世界而言，"中国市场"的快速崛起和"中国进口"的持续增长将产生怎样的溢出效应呢？

…………

这些正是本书试图向读者一一解答和呈现的。

第一章 中国国际进口博览会的时空背景

作为全球首个以进口为主题的博览会，中国国际进口博览会由习近平总书记亲自谋划、亲自提出、亲自部署推动，是名副其实的新时代第一展。近年来，我国进口贸易的金额和规模持续扩大，人民群众有了越来越多接触和享受国外优质商品、服务的机会，海淘、代购、境外消费、跨境电商等购物渠道也日益红火和通畅。在许多大城市的超市和便利店里，出售进口烟酒、生鲜、饮料、糖果、日用品等商品的专区也随处可见。那么，中国为什么要在当下以如此高规格倡议举办进口博览会呢？我们应该如何理解这个国际贸易发展史上的首创之举所处的国际和国内环境？从国际和国内两个市场的互动关系看，中国以举办进口博览会为契机扩大进口将意味着什么呢？

一、国际背景：保护主义与全球发展失衡

有一种论调认为，当前中国扩大进口和举办进口博览会，是在中美经贸摩擦压力之下的被动之举和权宜之计，果真如此吗？

先让时间回到2017年5月，就在首届"一带一路"国际合作高峰论坛的开幕式上，习近平主席宣布从2018年起举办中国国际进口博览会。"一带一路"倡议和举办进口博览会都是源于他对国际形势的长期观察：

> 从现实维度看，我们正处在一个挑战频发的世界。世界经济增长需要新动力，发展需要更加普惠平衡，贫富差距鸿沟有待弥合。地区热点持续动荡，恐怖主义蔓延肆虐。和平赤字、发展赤字、治理赤字，是摆在全人类面前的严峻挑战。这是我一直思考的问题……贸易是经济增长的重要引擎。我们要有"向外看"的胸怀，维护多边贸易体制，推动自由贸易区建设，促进贸易和投资自由化便利化。当然，我们也要着力解决发展失衡、治理困境、数字鸿沟、分配差距等问题，建设开放、包容、普惠、平衡、共赢的经济全球化。①

如果对照中共十七大、十八大、十九大的政治报告，可以发现中国对国际环境尤其是世界经济形势的判断是一以贯之的。在肯定"世界多极化、经济全球化深入发展""和平与发展仍然是时代主题"的同时，十七大报告认为，"全球经济失衡加剧，南北差距拉大"；十八大报告指出，"国际金融危机影响深远，世界经济增长不稳定不确定因

---

① 习近平：《携手推进"一带一路"建设——在"一带一路"国际合作高峰论坛开幕式上的演讲》（2017年5月14日，北京），《人民日报》2017年5月15日。

素增多，全球发展不平衡加剧"；十九大报告强调，"世界面临的不稳定性不确定性突出，世界经济增长动能不足，贫富分化日益严重"。在达沃斯世界经济论坛2017年年会开幕式上，习近平主席强调，"当前，最迫切的任务是引领世界经济走出困境。世界经济长期低迷，贫富差距、南北差距问题更加突出"。他进而将根源归因于经济领域的三大突出矛盾，即全球增长动能不足、全球经济治理滞后、全球发展失衡。[①]2018年6月，习近平主席在会见来华出席"全球首席执行官委员会"特别圆桌峰会的知名跨国企业负责人时依然表示，世界经济增长依旧乏力，贸易保护主义、孤立主义、民粹主义等思潮不断抬头，世界和平与发展面临的挑战越来越严峻。[②]

可以说，在国际金融危机爆发10年以后，全球经济仍未走出其深层次影响，原先积累的发展困境进一步恶化。二战结束以来，世界经济先后于1975年、1982年、1991年和2008年发生4次全球性衰退，其中尤以2008年国际金融危机造成的衰退程度最为严重。在各国超常规的经济刺激政策带动下，世界经济和国际贸易一度在2010年出现较为强劲的恢复性反弹。但从2011年起，世界经济一直处于低迷状态，国际贸易增长态势疲软，进入所谓的"结构性低迷时期"。结构性低迷意味着什么呢？首先就是全球有效总需求不足。时任中央财经领导小组办公室主任刘鹤在牵头比较研究两次全球大危机时就指出，"本次危机发生后，全球进入了总需求不足和去杠杆化的漫长过程"。[③]总需求由投资需求和消费需求组成，其增长速度往往会直接影响到经济增长速度。据统计，2011—2015年，全球资本形成和消费年均增长率分别

---

① 习近平：《共担时代责任　共促全球发展——在世界经济论坛2017年年会开幕式上的主旨演讲》（2017年1月17日，达沃斯），《人民日报》2017年1月18日。
② 李伟红：《习近平会见出席"全球首席执行官委员会"特别圆桌峰会外方代表并座谈》，《人民日报》2018年6月22日。
③ 刘鹤主编：《两次全球大危机的比较研究》，中国经济出版社2013年版，第16页。

为3.3%和2.1%，大大低于2003—2007年的增长率。[①] 在国际货币基金组织前副总裁朱民看来，这一个投资、贸易、利率、跨国投资等互为因果、互相传导的全球结构性低迷格局。[②]

相当长时期以来，贸易增长一直是世界经济增长的重要引擎，全球贸易增速也都快于全球GDP增速。据世界贸易组织统计，在20世纪90年代，全球货物贸易平均增长率超过全球GDP增长率的2倍。2008年以后，发达国家总需求水平仍然不足，进口需求减少甚至萎缩，新兴经济体的经济增速普遍放缓，市场需求也较前几年明显减少，导致贸易增速持续放缓。2016年，全球货物贸易增速仅1.8%，创下2008年国际金融危机以来的最低。2012—2016年，全球贸易增长率持续5年下滑，贸易增速始终低于（或相当于）经济增速，由此导致全球经济复苏缺少重要的助推力量。2017年，受到亚洲区域内贸易复苏以及北美、欧洲地区需求反弹的影响，当年全球经济增速达到3%，全球贸易增速达到4.7%，是自2011年以来的最快增速。[③] 但是，正如许多机构和研究者所指出的，2017年全球贸易的回暖只是短期现象，并不具有可持续性。这些制约因素包括：全球经济增长低迷引起出口需求下降；大宗商品价格下降导致出口金额的增长低于实际出口数量的增长；金融机构减少了对国际贸易的信贷投放；贸易自由化的红利逐渐消失；制成品贸易比过去更少；全球价值链扩张速度放缓导致中间产品反复过境产生的国际贸易减少等。全球经济和贸易未来的表现仍无法达到金融危机之前的水平，危机的影响却远未消除。[④] 与此同时，跨国直接

---

① 张宇燕：《世界经济"结构性低迷"的中长期影响》，《经济日报》2018年1月18日。
② 朱民：《世界经济：结构性持续低迷》，《国际经济评论》2017年第1期。
③ WTO, *World Trade Statistical Review 2018*, July 2018, pp.28-29.
④ 姚枝仲：《2017—2018年世界经济形势分析与展望》，《中国远洋海运》2018年第1期；上海社会科学院世界经济研究所宏观分析组：《复苏向好的世界经济：新格局、新风险、新动力——2018年世界经济分析报告》，《世界经济研究》2018年第1期。

投资复苏步履蹒跚，跨境资本流量占全球GDP比重也同样大幅下滑。联合国贸发会议《世界投资报告2018》显示，2017年全球对外直接投资下降了23%。[①]

由于结构性低迷和总需求不足，共同"做大蛋糕"的难度变大，这使得种种逆全球化、保护主义、民粹主义思潮和政策快速兴起，国家间以邻为壑、零和博弈的行为增多。贸易保护主义是指一国在对外贸易中限制进口以保护本国产业免受外国商品竞争，并向本国产业提供各种优惠以增强其国际竞争力的主张和政策。在地缘政治风险的相互叠加下，这进一步加剧了全球政治经济格局动荡。事实上，早在2008年国际金融危机爆发不久，提高关税、反倾销、"只买本国货"等贸易保护主义举措就被一些发达国家广泛使用。正如时任中央财经领导小组办公室副主任刘鹤所指出的：

> 当中国决定对外开放时，世界流行的是多边自由贸易体制、资本自由流动和放松管制，劳动和资本相对价格的变化使全球制造业资本需要找到新出路，中国似乎不需要定位就可以凭借比较优势自然融入全球分工体系。但是今天，暂且不谈政治因素，世界经济生产要素的长期供求格局已发生了很大变化……不断增加的全球生产能力和全球市场空间狭小的矛盾突出，这使得自由贸易体制在越来越多的贸易保护主义冲击下已经残缺不全。[②]

自2017年以来，美国特朗普政府四处挑起的贸易摩擦加剧了全球市场的焦虑和恐慌，不仅使国际多边贸易体制和规则处于风雨飘摇之中，也使长期作为中美两国关系"压舱石"的经贸关系面临巨大挑战。那么，中美贸易失衡真的是中国对美出口太多、进口太少或是采取不

[①] UNCTAD, *World Investment Report 2018*, June 2018.
[②] 刘鹤：《没有划上句号的增长奇迹》，载吴敬琏等编：《中国经济50人看三十年：回顾与分析》，中国经济出版社2008年版，第270页。

公平竞争手段导致的吗？事实上，中国对美贸易顺差归根结底由两国经济结构、产业竞争力和国际分工决定，也受到现行贸易统计制度、美方对华高技术出口管制等因素影响。中国对美国在劳动密集型产品方面是顺差，但在资本技术密集型产品、农产品和服务贸易方面都是逆差。根据商务部的研究，自中国加入世贸组织以来，美国对中国出口增长了500%，远远高于同期美国对全球出口90%的增幅，过去10年美对华出口平均增速是美总出口增速的近3倍。[①] 同时，由于中国是"世界工厂"，中国的出口商品很多是最终组装，大量中间产品并非中国生产，对美贸易顺差大约60%是包括美资在内在华外资企业创造的。因此，尽管美国试图减少贸易逆差的意愿可以理解，但是采取单方面贸易保护主义措施甚至威胁打贸易战的方式，并不能从根本上解决中美贸易失衡的结构性问题。受此影响，国际货币基金组织总裁拉加德也表示，该组织对全球增长前景仍抱乐观看法，但贸易保护主义会威胁经济增长。[②]

和贸易保护主义相伴随的，是世界经济结构性低迷背景下严重的发展赤字。经济全球化既创造了前所未有的发展成果，也产生并加剧了贫富差距与南北鸿沟。收入分配在过去的50年里发生了巨大的变化，社会的财富越来越多地进入少数人手中，全球最富有的1%人口拥有的财富量超过其余99%人口财富的总和，目前仍然有7亿多人口生活在极端贫困之中。对于很多家庭而言，能够拥有温暖的住房、充足的食物、稳定的工作仍是一种奢望。低收入家庭没有钱消费，贫富差距进一步加剧了全球总需求的不足，由此陷入结构性低迷的恶性循环中。有的国家受制于恶劣的自然环境和交通条件，开展国际贸易困难重重，

---

① 商务部：《关于中美经贸关系的研究报告》，2017年5月25日。
② 中新网：《IMF总裁：贸易保护主义威胁全球经济增长》，2018年4月11日，http://www.chinanews.com/gj/2018/04-11/8488297.shtml。

长期停留在欠发达阶段。有的国家受制于严重的资源依赖，经济结构高度单一，在全球大宗商品价格暴跌的冲击下举步维艰。当前，三分之二的发展中国家严重依赖初级产品出口，一些国家出现了"出口萎缩—财政危机—货币贬值—社会动荡—政治危机"的恶性连锁反应。有的新兴经济体经常账户赤字严重，过度依赖外国投资，外债占GDP比重居高不下。伴随着美元加息和贸易战等外部因素，资本外流、本币贬值、债务压力等相互叠加，市场恐慌情绪严重，经济和金融体系已非常脆弱，风险向其他新兴经济体传染蔓延的趋势明显。此外，正如有学者指出的，一些发达经济体无法解决内部收入不平等严重加剧的问题，面对金融、高技术、信息业等产业在全球化中赚得盆满钵满，而传统劳动密集型制造业产业却因产业转移而面临凋亡的困局，反而将责任抛给其他国家，导致贸易保护主义、孤立主义、民粹主义等思潮抬头。[1]

改革开放以来，中国在融入全球经济分工的进程中快速发展，是经济全球化、贸易自由化和多边贸易体制的贡献者、受益者。相应地，如果全球经济持续低迷、保护主义持续蔓延、多边贸易体制瓦解，中国也是受害者。那么，面对全球增长动能不足、保护主义抬头、贸易摩擦频发、发展失衡加剧相互叠加，中国该怎么办呢？这正是理解"一带一路"、扩大进口以及进口博览会的重要背景。

我们可以发现，自国际金融危机爆发尤其是近年来，中国不断利用联合国、APEC会议、G20峰会、博鳌亚洲论坛、世界经济论坛、金砖国家领导人会晤、上合组织峰会、"一带一路"国际合作高峰论坛等一系列多边场合阐明反对单边主义和保护主义，支持多边贸易体制，推动建设开放型世界经济的坚定立场。根据IMF估算，2008年以来中

---

① 东艳：《主动扩大进口：新时代对外开放的重大举措》，《经济日报》2018年5月15日。

国经济对世界经济增长的贡献率常年处于30%以上的水平。与此同时，中国也积极提供促进全球共同发展的公共产品和中国方案。正如习近平总书记所说："中国的发展得益于国际社会，也愿为国际社会提供更多公共产品。我提出'一带一路'倡议，旨在同沿线各国分享中国发展机遇，实现共同繁荣。"①

当前，对"一带一路"倡议各式各样的解读（包括误解）已经很多。那么，如何准确理解它对解决全球增长动能不足和发展失衡的作用呢？2016年8月，习近平总书记在推进"一带一路"建设工作座谈会上指出：

> 以"一带一路"建设为契机，开展跨国互联互通，提高贸易和投资合作水平，推动国际产能和装备制造合作，本质上是通过提高有效供给来催生新的需求，实现世界经济再平衡。特别是在当前世界经济持续低迷的情况下，如果能够使顺周期下形成的巨大产能和建设能力走出去，支持沿线国家推进工业化、现代化和提高基础设施水平的迫切需要，有利于稳定当前世界经济形势。②

这意味着，"一带一路"建设的本质和初衷是以中国的优势产能、基建等"走出去"为切入点，为沿线国家注入发展新动能，进而扩大全球有效总需求。相应地，扩大进口和举办进口博览会则是以中国主动向世界开放国内市场为切入点，使各国优质商品、技术和服务与庞大的中国内需消费市场相对接，从而扩大全球有效总需求。两者在核心逻辑上是一致的，即都是为应对全球增长动能不足和发展失衡提供中国方案，搭建开放型合作平台，贡献促进互利共赢的公共产品。这

---

① 习近平：《中国发展新起点　全球增长新蓝图——在二十国集团工商峰会开幕式上的主旨演讲》（2016年9月3日，杭州），《人民日报》2016年9月4日。

② 吴秋余：《总结经验坚定信心扎实推进　让"一带一路"建设造福沿线各国人民》，《人民日报》2016年8月18日。

是一种寻求"共发展"而不是"贸易战"的思路，通过共同"做大蛋糕"而不是零和博弈的方式为世界经济复苏寻找出路。

世贸组织的数据显示，中国已成为全球第二大货物贸易和服务贸易进口国，为带动出口国当地消费、增加就业、促进经济增长作出了重要贡献。2001—2017年，中国货物贸易进口额年均增长13.5%，高出全球平均水平6.9个百分点；中国服务贸易进口年均增长16.7%，占全球服务贸易进口总额的比重接近10%。与此同时，在全面履行加入承诺的基础上，中国近年来又多次以暂定税率方式大幅自主降低进口关税税率。2015年中国的贸易加权平均关税已降至4.4%，与美国、欧盟等发达经济体相差1.5—2个百分点。[①] 这些都表明，中国扩大进口是一个长期、稳定、可持续的进程，举办进口博览会是进一步扩大进口、开放市场的顺势而为和政策宣示，而不是在美国"贸易战"压力之下被迫采取的权宜之计。

诚然，我们也必须指出，"一带一路"建设和进口博览会的作用不能无限放大和泛化。它们为黯淡的世界经济注入了正能量，搭建了新型经贸合作与对话交流平台，旗帜鲜明地反对保护主义和以邻为壑，但世界经济的前景仍有赖于世界各国尤其是主要经济体的共同努力。

二、国内背景：扩大内需与全面对外开放

举办中国国际进口博览会和扩大进口，既是中国应对全球增长动能不足、保护主义和发展失衡的实际行动，也有着深刻的国内动因，是新时代中国适应高质量发展和高品质生活需要而做出的主动选择。

中国特色社会主义进入新时代，反映在经济发展和社会民生领域，

---

① 国务院新闻办公室：《中国与世界贸易组织》，2018年6月28日。

是许多现实而深刻的新变化。一方面，伴随着世界经济格局变动和中国经济转向高质量发展阶段，内需和消费已成为新时代推动我国经济增长最重要的动能和潜力。据国家统计局核算，2008—2017年，内需对我国经济增长的年均贡献率达到105.7%，超过100%。[①]其中，消费的基础性作用明显增强。从三大需求（消费需求、投资需求和国外需求）对经济增长的贡献率来看，2013—2017年最终消费支出的年均贡献率为56.2%，资本形成总额的年均贡献率为43.8%，而货物和服务净出口的年均贡献率几乎为零。[②]2017年，我国社会消费品零售总额达到36.6万亿元，继续保持世界第二大消费市场，总额和美国已非常接近。随着国家持续推进"十大扩消费行动"，积极促进旅游、文化、体育、健康、养老、教育培训等幸福产业服务消费提质扩容，2018年上半年我国社会消费品零售总额达18万亿元，全国居民人均消费支出9 609元，消费对经济增长的贡献率达到78.5%，保持了中国经济增长"主引擎"的水平。[③]

另一方面，经过40年的改革开放，社会主要矛盾已发生变化，人民群众对美好生活的向往也进入了新阶段，消费需求日益多元化、差异化、个性化。发达国家的实践表明，人均GDP达到3 000—5 000美元时，居民消费结构将会有相应的升级调整，对高质量消费品和服务的需求也会快速攀升。2017年，中国人均GDP已超过8 800美元，预计到2020年将突破1万美元，消费潜力十分巨大。在此背景下，相当一部分中国人的消费升级需求快速提升，消费行为也开始向中高端消费、改善型消费、个性化消费转变。正如国家发展改革委秘书长李朴

---

①　国家统计局综合司：《内需挑大梁支撑中国经济发展》，2018年4月10日，http://www.stats.gov.cn/tjsj/sjjd/201804/t20180410_1592995.html。

②　国家统计局核算司：《新动能推动我国经济稳中向好和转型升级》，2018年4月13日，http://www.stats.gov.cn/statsinfo/auto2074/201804/t20180413_1593690.html。

③　国家统计局：《上半年国民经济总体平稳、稳中向好》，2018年7月16日，http://www.stats.gov.cn/tjsj/zxfb/201807/t20180716_1609850.html。

民所指出的，近年来我国居民消费持续扩大升级，已进入消费需求持续增长、消费结构加快升级、消费拉动经济作用明显增强的重要阶段，呈现出从注重量的满足向追求质的提升、从有形物质产品向更多服务消费、从模仿型排浪式消费向个性化多样化消费等一系列转变。[1]相应地，普通人对于汽车、体育、健康养生、医疗卫生、信息通信、文化娱乐、教育培训、休闲旅游等领域优质特色商品和服务的消费需求持续高速增长。现在有人以二锅头、方便面、榨菜销量增加为依据谈论所谓的"消费降级"现象，实际上食品、服装等传统消费在总消费中比重下降，而教育、文化、保健、旅游等服务性消费比重上升，而服务性消费、网络零售目前并未列入社会消费品零售总额的统计范畴中。据观察，当前我国消费升级的趋势体现在多个方面：一是消费规模升级，即社会消费品零售总额和最终消费支出均呈现较高的增长态势；二是消费结构升级，即我国正处于服务消费比重快速增长的发展阶段；三是消费方式升级，即居民消费方式多元，网络消费、移动消费、跨境消费、消费金融等多种方式蓬勃发展；四是消费品质升级，即消费者对高品质商品和服务的需求快速增加。[2]

消费升级在普通中国民众非常看重的"舌尖"和餐桌上体现得最明显。乐斯福集团大中华区总裁浦建菲的一番观察颇能见微知著：

就产品而言，乐斯福进入中国市场之初，人们以食用馒头为主。如今，食用烘焙面包的人越来越多，这一群体的需求不仅仅是温饱，对口感、色泽香味、营养等有非常高的需求。我们的客户细分也完全不同。以前，客户以零售店为主；如今，工业客户、

---

[1] 国家发改委：《国家发展改革委正式发布〈2017年中国居民消费发展报告〉》，2018年3月30日，http://www.ndrc.gov.cn/xwzx/xwfb/201803/t20180330_881341.html。

[2] 孙韶华、王文博：《下半年新消费红利将高密度释放》，2018年7月3日，http://jjckb.xinhuanet.com/2018-07/03/c_137297058.htm。

精品面包店的客户对我们趋之若鹜。此外，中国市场对酵母抽提物的需求量迅速增加，乐斯福在酵母抽提物研发方面取得很多成果，我们利用天然来源的酵母原料来代替味精，用以汤料等调味品，这也说明中国的消费者对于生活品质的追求在不断提高。①

据报道，在2018年6月14日俄罗斯世界杯开幕当晚，美团外卖送出28万瓶啤酒、153万只小龙虾。天猫商城在"端午节+6·18促销"期间，售出1.08亿只粽子、300万斤榴梿，用掉裹粽线超过2亿米，给泰国12个榴梿种植园带来了欣喜。99元的波士顿龙虾，每满2件减30元，在端午节当天中午就已售罄，同时被抢购的还有鲜活澳大利亚鲍鱼、挪威冰鲜三文鱼、爱尔兰生蚝等。②

但是，相较于人民群众对高品质生活的强烈追求，国内的商品和服务供给还难以满足消费升级需要，使得代购、境外购物等替代渠道火爆。据估计，仅在"微店"上注册的常住日本的中国代购人数就超过45万人，一般每月能赚20万—30万日元（约合人民币1.2万—1.8万元），有的甚至一年能卖出超过1亿日元（约合人民币616万元）的商品。③《中国出境旅游发展年度报告2018》显示，2017年中国出境旅游市场达到1.31亿人次，规模超过日本人口总数，占全球游客总数的1/10。④ 世界旅游组织的统计则表明，2017年我国游客在境外消费支出达2 580亿美元，约占全球总支出的1/5，几乎是排名第二的美国的2倍。从2013—2017年的5年时间里，境外消费支出翻了一倍有

① 潘寅茹：《乐斯福集团大中华区总裁浦建菲：进口博览会是相互交流、汲取创新经验的平台》，2018年6月15日，https://www.yicai.com/news/5432253.html。
② 林丽鹂：《"舌尖上的经济"活力四射》，《人民日报》2018年6月25日。
③ 马丽：《日媒：中国代购成为日企不可忽视的力量》，2018年9月4日，http://finance.huanqiu.com/gjcx/2018-09/12919587.html。
④ 程思：《〈中国出境旅游发展年度报告2018〉在京发布》，2018年6月27日，http://cn.chinadaily.com.cn/2018-06/27/content_36466285.htm。

余。① 正如商务部部长钟山在2018年全国"两会"答记者问时所说，境外购物屡创新高正反映出我国优质商品供应不足且价格偏高，家政、养老、教育、医疗等服务消费方面也都是我们的弱项。② 这些都导致当前中国对外贸易失衡的加剧，经常项目顺差与服务贸易逆差同时存在。

商务部在2018年5月发布的《主要消费品供需状况统计调查分析报告》也指出，中国普通家庭已不再满足于吃大餐、穿新衣、用新物，而是希望吃得健康、穿得时尚、用出品位。在受调查对象中，收入高的人买进口优质商品的意愿也较强，家庭月收入超过2万元人民币的消费者都买过进口商品，买进口商品花的钱占商品消费总额比重三成以上的消费者超过20%。其中，进口化妆品占比最高，达36.1%；其次为母婴用品、钟表眼镜、乘用车、珠宝首饰。在消费者心目中，吃类更重安全，用类更重品质。③

值得关注的是，正当部分中国人初步体验进口商品和服务的时候，一些群体中已出现"进口升级"的现象。从最新的消费趋势看，年轻一代对进口商品提出了新要求。天猫国际总经理刘鹏指出，"我们做过一个调查，发现目前在天猫国际上的主要客户群体都是90后乃至95后，他们对进口商品并不陌生，但对进口商品消费有了更高的要求，即小众化、个性化"。④

除了扩大内需和消费升级之外，中国经济的高质量发展还有赖于持续推进产业结构优化升级，既要拿出新的高端产品解决"有没有"

---

① 郭韶东：《中国游客境外消费多少钱 数据告诉你》，2018年8月2日，http://m.zhonghongwang.com/show-256-103331-1.html。
② 《商务部就推动商务事业高质量发展等答问》，2018年3月11日，http://www.xinhuanet.com/politics/2018lh/zb/20180311a/。
③ 商务部：《消费升级步伐加快 进口商品需求旺盛》，2018年5月28日，http://www.mofcom.gov.cn/article/ae/ai/201805/20180502748712.shtml。
④ 任翀：《天猫国际提前预演海外品牌争抢中国市场》，《解放日报》2018年8月7日。

的问题，又要推出更多优质产品解决"好不好"的问题。中共十九大报告明确，随着经济发展转向高质量发展阶段，必须把发展经济的着力点放在实体经济上，以提高供给质量作为主攻方向，推动产业优化升级，加快发展先进制造业、现代服务业，促进我国产业迈向全球价值链中高端，显著增强我国经济质量优势。一方面，经过多年的发展，中国已经进入工业化成熟期，是全世界唯一拥有联合国产业分类中全部工业门类的国家，现代服务业发展势头迅猛。通过承接国际产业转移，融入全球经济体系，积累了大量的优势产业和富余产能。尤其是在装备制造领域，已形成门类齐全、具有相当技术水平和成套水平的完整产业体系，总体规模占世界总量的1/3，高铁、核电、特高压、通信、港口机械等在全球拥有相当高的知名度。另一方面，中国在许多产业领域还存在着大而不强、优质供给不足、核心技术被"卡脖子"等问题，"中兴事件"充分暴露了当前我国与世界制造强国的差距。据工信部副部长辛国斌介绍，仅从产品质量看，中国通用零部件产品寿命一般为国外同类产品寿命的30％到60％，模具产品使用寿命一般较国外先进水平低30％到50％。[1]这一局面的改变，既需要立足于增强自主创新能力与核心技术攻关，也需要辅以适度扩大先进技术装备、关键零部件的进口。在相当长时期内，两者将并行不悖、相互补充。

因此，扩大进口是我国经济迈向高质量发展阶段实现消费升级、产业升级的客观需要，也是释放内需潜力和动能的主动作为，归根到底是为了满足人民群众对高品质生活的追求。正是在此意义上，习近平总书记在2017年7月召开的中央财经领导小组第十六次会议上强调，"要在稳定出口市场的同时主动扩大进口，促进经常项目收支

---

① 马姝瑞等：《智能制造释放中国制造全球红利》，2018年6月4日，http://www.jjckb.cn/2018-06/04/c_137228572.htm。

平衡"。①李克强总理也在2018年6月13日的国务院常务会议上指出，"我们要在稳定出口的同时，必须进一步扩大进口。这不仅是为更好满足人民群众日益多样化的消费需求，而且也能加快倒逼国内产业的转型升级"，"当前，尤其要支持更多进口老百姓迫切需要的药品、日用消费品和服务等，让消费者在家门口就能有多样性的选择"。②

这意味着，相较于出口而言，进口在我国对外贸易中的地位已从辅助、次要上升到同等重要，对它在实现高质量发展和创造高品质生活中的作用也有了更为明确、积极的认识。相当长时期以来，我国的进口主要是为了满足工业生产和出口需要，集成电路、原油、铁矿石以及其他原材料和中间产品占了每年进口量的大头。未来，为了适应消费升级和产业升级的需要，我国将持续扩大进口规模、优化进口结构，包括进一步支持关系民生的产品进口，积极发展服务贸易，增加有助于转型发展的技术装备进口，增加农产品、资源性产品进口。③

从更宽广的视野来看，扩大进口既是高质量发展阶段的内在需要，也是我国推动新一轮高水平对外开放、推动形成全面开放新格局的重要内容，更高质量的发展有赖于更高水平的开放。

改革开放尤其是加入世贸组织以来，中国持续扩大对外开放，主动和快速融入全球经济合作大潮，不仅为促进世界经济平稳增长作出了重要贡献，也使自身逐渐成长为全球第二大经济体。但是，我们也可以清楚地看到，近年来我国面临的对外开放环境已发生了深刻变化。从国际来看，当前全球政治格局正经历快速转型重组，地缘政治热点此起彼伏，

---

① 新华社：《营造稳定公平透明的营商环境　加快建设开放型经济新体制》，《人民日报》2018年7月18日。

② 中国政府网：《为什么要进一步扩大进口？听听李克强怎么说！》，2018年6月15日，http://www.gov.cn/premier/2018-06/15/content_5298754.htm。

③ 参见国务院办公厅：《国务院办公厅转发商务部等部门关于扩大进口促进对外贸易平衡发展意见的通知》（国办发〔2018〕53号），2018年7月9日。

国际经贸规则加速重构，单边主义、保护主义愈演愈烈，贸易摩擦不断升级，多边主义和多边贸易体制受到严重冲击。从国内来看，我国要素成本优势减弱，以工业品换原材料、技术、外汇为核心的传统外贸模式面临瓶颈，对外合作新动能和新优势亟待培育，"外资撤离中国"等负面舆论也不绝于耳。在此双重背景下尤其是改革开放40周年之际，中国是否会一如既往地坚持对外开放，又将如何重塑对外竞争力和吸引力，重获外界信心和青睐呢？这是大家都非常关注的问题。

针对各方的疑虑和关切，习近平总书记在十九大报告中明确指出，"中国坚持对外开放的基本国策，坚持打开国门搞建设"，"中国开放的大门不会关闭，只会越开越大"。2018年3月，习近平在博鳌亚洲论坛年会上又向世界重申："实践证明，过去40年中国经济发展是在开放条件下取得的，未来中国经济实现高质量发展也必须在更加开放条件下进行。这是中国基于发展需要作出的战略抉择，同时也是在以实际行动推动经济全球化造福世界各国人民。"在此基础上，习近平宣布中国将采取大幅度放宽市场准入、创造更有吸引力的投资环境、加强知识产权保护、主动扩大进口等重大举措扩大对外开放，并承诺"我们将尽快使之落地，宜早不宜迟，宜快不宜慢，努力让开放成果及早惠及中国企业和人民，及早惠及世界各国企业和人民"。[1]在首届中国国际进口博览会开幕式上，习近平再次强调，"开放已经成为当代中国的鲜明标识"，"中国推动更高水平开放的脚步不会停滞！"同时，中国将从激发进口活力、持续放宽市场准入、营造国际一流营商环境、打造对外开放新高地、推动多边和双边合作深入发展等方面进一步扩大对外开放。[2]

① 习近平：《开放共创繁荣 创新引领未来——在博鳌亚洲论坛2018年年会开幕式上的主旨演讲》（2018年4月10日，海南博鳌），《人民日报》2018年4月11日。
② 习近平：《共建创新包容的开放型世界经济——在首届中国国际进口博览会开幕式上的主旨演讲》（2018年11月5日，上海），《人民日报》2018年11月6日。

因此，主动扩大进口不是一项孤立的政策，更不是"贸易战"压力下的被动仓促之举，而是新时代我国一系列扩大开放举措中的有机组成部分。在全球保护主义抬头和贸易摩擦升级的背景下，中国用扩大开放亮明了自己的态度，以扩大进口体现了自己的担当。这有助于向各国分享中国消费市场红利，丰富和促进国内市场优质供给，更好地适应我国消费升级和产业升级的需要，助力实现高质量发展和创造高品质生活。正是在此意义上，我们才能理解，举办中国国际进口博览会是以习近平同志为核心的党中央着眼新一轮高水平对外开放作出的重大决策。正是在此意义上，我们才能理解，"这不是一般性的会展，而是我们主动开放市场的重大政策宣示和行动"。

对中国而言，举办进口博览会已成为新形势下扩大内需消费和扩大对外开放的标志性工程，它所承载的不仅只是进口商品与服务的展示交易，更是推动实现高质量发展和高品质生活的重要尝试。

三、扩大进口：重塑中国与世界经济关系

在深入阐释了中国举办进口博览会的国内外环境和动因之后，我们还要继续追问，新时代中国主动扩大进口到底意味着什么呢？如何从长时段的历史视野出发，在中国经济与世界经济的互动关系中，客观定位和把握中国主动扩大进口背后所蕴含的一系列新变化和新趋势呢？

中国进口的历史可谓源远流长。自公元前2世纪张骞出使西域起，中国就已陆续沿着海陆丝绸之路与亚、非、欧许多国家开展贸易。我们今天所熟悉的许多珍禽异兽（如汗血宝马）、香药珠宝、货币、音乐、舞蹈、饮食、服饰都经由往返于丝绸之路的各国商旅带到中国。核桃、石榴、葡萄、胡萝卜、黄瓜、胡椒、芝麻、姜、葱、蒜、苹果、

茄子、菠菜、绿豆、南瓜、西瓜、辣椒、玉米、番薯、马铃薯、番茄、花生、荔枝……这些外来的蔬果食材翻山越岭、漂洋过海来到中国，如今已成为中国人生活中不可或缺的一部分，只有名字中的“胡”字还提示着它们的最初来源。据苏丹学者加法尔·卡拉尔·阿赫默德考证，唐代中国从阿拉伯地区进口的主要商品包括乳香、圆木、千鱼、树胶、阿拉伯树胶、没药、咖啡、象牙、龟甲、犀牛角、樟脑、龙涎香、香水、药材、蔗糖、棉花、珠宝、珍珠、琥珀、地毯、黄金、白银。[1]《太平广记》记载了大量西亚胡商在长安、洛阳、广州、扬州等地的轶事，大部分与珠宝贸易有关，价值有时高达数千万贯。有宋一代，由于陆上丝路长期受到阻隔，对外贸易主要通过海舶实现。据《宋史·食货志》所载，“（开宝）四年，置市舶司于广州，后又于杭、明州置司。凡大食、古逻、阇婆、占城、勃泥、麻逸、三佛齐诸蕃并通货物，以金银、缗钱、铅锡、杂色帛、瓷器，市香药、犀象、珊瑚、琥珀、珠琲、镔铁、鼊皮、玳瑁、玛瑙、车渠、水精、蕃布、乌樠、苏木等物”。[2]以上所列诸国与货物，大体就是宋代国际贸易的主要对象与内容。与唐代类似，宋代的对外出口以五金、丝绸和瓷器等生产性手工业品为主，而从大食等国进口则以香药（香料与药物）、犀象（犀角与象牙）、珍宝等资源性奢侈品为大宗。在宋代，香药开始大量进口，成为海外对华贸易的首要大宗商品，几乎是宋代“舶货”的代名词。乳香、龙涎香、木香、肉豆蔻、栀子花、蔷薇水、安息香等，都是当时在中国销路极广的名贵香料。无论是宫廷生活，还是士大夫的日常生活中，香料都是非常重要的消费品。正因此，香药尤其是乳香就成为政府“禁榷”或“博买”的重点对象。所谓“禁榷”，就是指禁止民间

---

① ［苏丹］加法尔·卡拉尔·阿赫默德：《唐代中国与阿拉伯世界的关系》（下），金波、俞燕译，《新疆师范大学学报》（哲学社会科学版）2004年第3期。

② （元）脱脱等：《宋史》卷一百八十六，中华书局1977年版，第4558—4559页。

私下交易，而由政府专买专卖；所谓"博买"，就是由政府出面收购舶船运来的商品。北宋初时，市舶收入约占全部岁入的1/50，而南渡以后这一比重却已攀升至1/5。可以说，在漫长的丝绸之路发展史中，中国与沿线国家和地区之间国际贸易的商品结构呈现出高度的稳定性。中国的出口以丝绸、瓷器等生产性手工业品为主，而进口则以香药、犀象、珍宝等资源性奢侈品为大宗。两者之间具有极强的互补性，由于利润丰厚，互相之间缺乏竞争，因而十分稳定。在此过程中，无论是中国的丝绸、瓷器，还是国外的香料、珠宝、犀象，主要消费对象仍是各自的社会上层。尽管海外贸易一度对南宋的国家财政具有较大影响，但进口对于国内经济结构和社会民生的影响相当有限。[①]

近代西方兴起以后，国际贸易的性质逐渐发生了根本性的变化，原先国家之间相对松散、平等的贸易关系被转换为全球统一市场中的分工关系。相应地，进口和出口也不再仅是国内经济生活锦上添花式的补充，而是对一国经济运行具有了决定性的影响。后发国家若能抓住机会找准定位，成功融入全球经济分工，往往意味着经济发展步入了快速腾飞的轨道。对于"亚洲四小龙"是如此，对于中国、印度等新兴经济体亦是如此。

改革开放以后，基于自身在土地、劳动力、产业配套和市场规模等方面的比较优势，中国积极吸引跨国公司来华投资，大规模承接发达国家产业转移，大力发展加工贸易，走上了"引进外资—扩大出口—获取外汇—推动发展"的经济发展之路。在此过程中，中国逐渐成为世界经济运行中不可或缺的中间环节，即中国从全世界进口最多的原材料和中间产品，又向全世界出口最多的工业制成品，而进出口往往以美元为结算货币。在此背景下，中国成为国际大宗商品市场上的最大买家。自1993年

---

① 详见邹磊：《中国"一带一路"战略的政治经济学》，上海人民出版社2015年版。

成为石油产品净进口国后，中国先后从大豆（1996年）、铜（1998年）、铁矿石（2000年）、镍（2003年）、锌（2004年）、白银（2007年）、精炼铅（2009年）、玉米（2009年）、煤炭（2009年）等大宗商品的净出口国变为净进口国，而每一次从净出口到净进口的拐点出现，都直接伴随着大宗商品价格的上涨。[①]2002—2012年，在国际大宗商品市场的10年大牛市背后，是中国作为全球最大工业生产基地的快速崛起。2009年，"中国制造"一举超越"德国制造"，荣登全球出口首位，占当年世界出口总额的9.6%。2012年，中国在以20%左右的比重继续稳居世界制造业第一大国的同时，工业制成品出口占全球制成品贸易的1/7。[②]2013年，中国的货物进出口总额为4.16万亿美元（其中出口额2.21万亿美元，进口额1.95万亿美元），超越美国成为世界第一货物贸易大国。[③]

从国内和国际两个市场的互动关系来看，中国在改革开放尤其是加入世贸组织后成功地融入全球生产网络，成为"世界工厂"，国内生产市场主要为外部市场尤其是欧美消费市场服务。与此相适应，中国形成了出口促进和进口替代的外贸政策取向。在具体实践中，又体现为重出轻进、宽出严进乃至"出口越多越好"的行为偏好。为了解决外汇、商品和资本短缺，出口得到充分鼓励，进口增长缓慢，贸易顺差持续扩大。1978年，我国存在11.4亿美元的贸易逆差，到1990年实现87.5亿美元的贸易顺差。2004年，贸易顺差仍徘徊在321亿美元，到2005年又激增至1 020亿美元。2013—2015年，在全球贸易萎缩的大背景下，中国的贸易顺差不降反升，相继从2 590亿美元、3 830亿美元飙升至5 939亿美元。[④]因此，相当长时期以来，中国的外向型或开放型经济实

① 长城战略咨询：《大宗商品中国时刻——2010年大宗商品产业研究报告》，2012年。
② 苗圩：《在全面深化改革中打造制造业强国》，《求是》2014年第5期。
③ 王珂：《中国成为第一货物贸易大国》，《人民日报》2014年3月2日。
④ 国家统计局：《中国统计年鉴2017》，中国统计出版社2017年版。

质上就是出口创汇型经济，"买全球"的目的是为了"卖全球"。在此背景下，中国对外开放的重心主要在于如何持续引进外资、如何持续扩大出口，而引进外资与扩大出口之间又相互促进、相互强化。由此导致的结果是，一方面，我国对进口在对外贸易、内需消费、经济增长中的作用相对重视不够；另一方面，进口商品主要以原材料和中间产品为主，最终消费品、资本品进口的数量和质量无法满足国内消费升级、产业升级的巨大需求。据商务部2014年的统计，我国最终消费品进口仅占进口总量的5%，而世界范围内平均为20%左右。[①]

中国作为"世界工厂"的快速发展带来了积极的国际和国内溢出效应。从国际方面来看，中国在全球经济和贸易中的份额不断攀升，成为全球第二大经济体、第一大工业国、第一大货物贸易国和第一大外汇储备国，2017年中国经济占世界经济的比重提高到15.3%左右。2008年国际金融危机以来，中国对世界经济增长的平均贡献率一直保持在30%以上。据测算，10年来中国货物和服务进口额增加了7 900多亿美元，约占全球进口贸易增量的31%。[②]遍布世界的"中国制造"为各国普通民众提供了充足、价廉、物美的各类消费品，提高了欧美中低收入群体的购买力，促进了社会总体稳定和福利改善。在此过程中，中国对矿产、能源、农产品等大宗商品持续上涨的需求，为许多发展中国家提供了可观的外汇收入，推动了这些国家的经济发展。中国巨额贸易顺差中的一部分，又以对外投资、购买国债、境外消费等方式回流到全球市场，为世界经济复苏作出了积极贡献。

从国内方面来看，伴随着外资的持续涌入和外贸的快速发展，改革开放以来中国的经济规模、国民收入、产业结构、基础设施、城市

---

① 王希等：《政策引导 服务促进——解读国务院常务会议加强进口新举措》，2014年9月30日，http://www.gov.cn/xinwen/2014-09/30/content_2758935.htm。

② WTO, *World Trade Statistical Review 2018*, July 2018, pp.184-195.

建设、社会福利、劳动力素质等都出现了明显的提升。1978年，我国人均国内生产总值只有381元，仅为同期印度人均国内生产总值的2/3，到2017年达到约59 660元（约8 800美元），现行联合国标准下的7亿多贫困人口成功脱贫，并形成了世界上规模最大的中等收入群体。尽管和欧美发达国家相比仍有很大差距，但相当一部分中国人的消费能力已显著增强，对高品质生活、多样化消费的追求日益强烈。2013—2016年，按照不变美元价格计算，中国最终消费的年均增速为7.5%，同期世界消费市场的年均增速为2.4%，其中美国、欧元区和日本的年均增速分别为2.2%、1%和0.6%；对世界消费增长的年均贡献率为23.4%，而同期美国、欧元区和日本的年均贡献率分别为23%、7.9%和2.1%。[①]值得指出的是，近年来电子商务、移动支付的快速发展使中国形成了全球规模最大的网络购物市场，跨境电商进口业务蓬勃发展，越来越多的国外消费品为普通百姓所熟悉和享用。2017年，全球进口总额约为18万亿美元，其中美国以2.41万亿美元的进口量、13.4%的份额位居世界第一大进口国，中国则以1.84万亿美元（占总额的10.2%）的进口量紧随其后，大幅领先以1.17亿美元（占总额的6.5%）的进口量位居第三的德国。[②]

这些事实都在表明：在可预见的未来，凭借巨大的人口规模、生产能力和消费需求，中国有望成为全球独一无二的存在——既是世界工厂（最大的生产基地），也是世界市场（最大的消费市场）。在此基础上，稳定出口和扩大进口、产业升级与消费升级、"在中国制造"和"为中国制造"、"卖全球"和"买全球"将同步发生、同等重要。对于中国和世界而言，这是一幅正在快速浮现且日益清晰的宏观图景。许

---

① 国家统计局综合司：《中国的发展是世界的机遇》，2018年4月12日，http://www.stats.gov.cn/statsinfo/auto2074/201804/t20180412_1593480.html。

② WTO, *World Trade Statistical Review 2018*, July 2018, p.124.

多人认为中国正在经历从世界工厂向世界市场的转变，这种描述其实并不准确，而"世界工厂＋世界市场"才更符合中国在新时代的身份定位。我们对中国扩大进口和举办进口博览会的理解，也需要置于这个大背景和新趋势下展开。新的身份定位要求中国适时转变过去出口导向的外贸政策和思维惯性，更积极地看待扩大进口对满足国内高质量发展和高品质生活的积极作用，从全球视角理解新时代中国作为"世界工厂＋世界市场"的战略意义。

首先，扩大进口是中国在全球配置资源的升级版。 过去，中国积极出口、吸引外资主要是为了换取国内经济发展所紧缺的外汇、商品和技术，服务于国家工业化和现代化建设，大规模进口原材料和中间产品的最终目的还是为了出口。当前，扩大进口是要用全球的优质资源服务于中国的产业升级和消费升级，服务于中国快速崛起的内需消费市场，进口不再仅仅从属于出口。扩大进口的方向，也将侧重于先进技术装备、关键零部件、优质消费品、农产品、资源性产品以及优质服务等。这反映了中国正日益注重从全球层面来考虑生产和消费布局，处理双向贸易、双向投资和双向资源要素流动。从国际上来看，英国、美国都在快速工业化后陆续经历了从生产大国向消费大国的转型。它们的成功经验表明，除了强大的工业生产能力之外，庞大的国内消费市场以及与之相伴随的强大进口能力，同样是一个大国极其关键的战略优势和经济影响力，是参与国际合作与竞争中非常重要的博弈筹码。因此，扩大进口本身就是中国提升全球资源运筹配置能力、建设现代化强国的必经之路。

其次，扩大进口是中国对世界经济的新贡献。 过去，作为"世界工厂"的中国为各国提供了大量物美价廉的"中国制造"，为一批高度依赖资源能源出口的国家创造了巨额的外汇收入，使大量来华投资的发达国家企业获得了丰厚的投资回报。未来，扩大进口、与世界各国分享中国内需消费市场的巨大红利，同样是中国对国际社会的重大贡献。当前，总需求不足是当前世界经济复苏乏力的主要原因，而最大的需求潜力和增长动能就是中国。随着到2020年我国全面建成小康社会，有更多普通民众收入和生活水准将提高，近14亿人口量级的内需消费市场、近4亿人口规模的中等收入群体将是影响世界经济发展的重要驱动力。在此背景下，"世界市场"正在快速成为中国在经济全球化时代的新名片。未来15年，中国进口商品和服务将分别超过30万亿美元和10万亿美元。这将为世界各国及其企业开启新的机会之门，规模巨大、增长迅速的中国内需消费市场将为世界经济复苏提供长期、稳定、可持续的预期和动能。

第三，扩大进口要合理平衡生产与消费的关系。改革开放以来，中国已成为全球最重要的生产基地，当前和未来扩大进口并不意味着中国将"去工业化"或"过度消费"。从国际上看，作为世界上最大的消费市场，美国既有充分运用本国市场优势的正面经验，也有着生产与消费过度分裂的反面教训。通常而言，一个国家需要在生产与消费之间保持适度平衡，过度生产将造成产能过剩，过度消费则将造成严重透支，两者都不利于经济长期稳定，长期不均衡累积的后果自然可想而知。因此，当前和未来中国扩大进口不能以牺牲工业生产能力为代价，相反，是要以促进产业升级为目标。同时，消费升级也不意味着过度消费，扩大进口需要保持在适度范围内。在此意义上，中国在快速成为"世界市场"的同时，仍然要继续保持"世界工厂"的地位和竞争力，高度重视实体经济尤其是制造业在国民经济中的基础地位和战略意义，将做实做强做优实体经济作为建设现代化经济体系的关键。

1957年，中国举办了第一届中国出口商品交易会（即"广交会"）；2007年，广交会更名为"中国进出口商品交易会"，由单一出口促进平台变为进出口双向交易平台；2018年，中国高规格举办中国国际进口博览会，宣示了主动扩大进口、支持贸易自由化的坚定立场。这些变化见证了中国对外贸易从出口导向朝注重进出口平衡的方向转变。从过去出口创汇"卖全球"到今天扩大进口"买全球"，中国在大力开拓国际市场的同时，也在积极分享国内市场，将使各国有更多机会享受中国内需消费市场的巨大红利。正如习近平主席所说，"中国主动扩大进口，不是权宜之计，而是面向世界、面向未来、促进共同发展的长远考量"。作为新时代扩大进口的集中体现，中国国际进口博览会连接着国内和国际两个市场、两种资源，这个新型经贸合作与对话交流平台有望为我国推动形成全面开放新格局、深化"一带一路"国际合作、建设开放型世界经济作出积极贡献。

第二章 中国国际进口博览会的形成历程

　　自2017年5月习近平主席在"一带一路"国际合作高峰论坛上宣布起，首届中国国际进口博览会在短短一年半时间内就从无到有，迅速吸引世界各国和企业广泛参与，成为我国推动新一轮高水平对外开放的标志性工程。中央全面深化改革领导小组第三十六次会议指出，"要坚持政府引导、市场运作、企业经营，加强同世界各国和国际组织的合作，调动部门、地方、企业积极性，努力办成国际一流的博览会"。[①]作为国际经贸史上的创举，首届中国国际进口博览会如何做到"国际一流"和"不一般"呢？在首届中国国际进口博览会筹备委员会的统一领导下，包括商务部和上海市在内的各部门、各地方、各单位又如何积极作为、协同联动呢？

---

　　① 新华社：《抓好各项改革协同发挥改革整体效应　朝着全面深化改革总目标聚焦发力》，《人民日报》2018年6月27日。

一、招展招商

国际一流的博览会离不开一流的成交，而这有赖于一流参展商、采购商的积极参与和精准对接。在短暂的时间里，首届中国国际进口博览会高质量完成了招展招商工作，吸引了大批一流企业和一流展品，为取得一流成效奠定了坚实基础。

（一）招展

自2017年5月以来，进口博览会迅速成为中国外交的重要议程和时髦热词。在各种双多边外交场合，习近平总书记、李克强总理等党和国家领导人都亲自推介进口博览会，阐述中国主动向世界开放市场的坚定立场，诚挚邀请各国朋友来华共襄盛会。

为了扩大首届进口博览会的全球知晓度与参与度，商务部、外交部、中国国际进口博览局、中国驻外使领馆经商处等在海外开展了大量的路演活动，得到各东道国积极响应，并指定相关组展机构与中方对接。2018年1月19日，中国国际进口博览局与西班牙企业组织联合会在马德里共同举办推介会，这是进口博览会全球路演活动的第一站。3月16日，中国国际进口博览局举行参展企业集体签约仪式，进口博览会首份正式合同诞生。7月20日，在两国领导人的共同见证下，中国商务部与阿联酋经济部签署关于加强中国国际进口博览会合作的谅解备忘录，这是全球首个关于进口博览会的双边合作文件。各地区也积极发挥自身优势，开展针对性的招商活动。例如，浙江省民营经济发达，依托阿里巴巴、吉利等知名企业邀请境外企业参展；广东省外贸优势突出，招展企业既来自美国、德国、韩国、日本等发达国家，也来自一些新兴市场国家；上海市依托全球85个友好城市的丰富资源，面向75家驻沪使领馆、64家外国驻沪商会（代表处）和驻沪大型跨国公司总部等开展宣传推介，协同推进招展。

借助我国企业的全球网络实施招展组展，是首届中国国际进口博览会的重要特色。例如，中国银行利用自身的全球业务布局，积极协助商务部在海外16个国家举办进口博览会推介活动，营销超过1 400家海外客户，促成了相当规模的企业参展。针对"医疗器械及医药保健"和"服务贸易"板块及其他重点客户，中行部署海外机构安排拜访营销，并由境内分行相应对接其在华机构。中国建设银行动员境外32家分行、子公司，境内37家一级分行，1.5万个分支机构统筹协作，充分利用自身机构优势、客户优势，协助开展招商招展工作。中远海运集团积极邀请56家境外合作伙伴参展，包括希腊比雷埃夫斯港务局、迪拜环球港口集团、香港和记港口集团、新加坡港务集团、西班牙Noatum港口控股集团、比利时泽布吕赫码头集团、阿布扎比CSP码头集团等全球著名港口运营商以及全球著名矿业集团巴西淡水河谷等，招展面积达到2 012平方米。受进口博览局委托，东浩兰生承担了高端装备馆和珠宝馆的招展运营工作，3万平方米高端装备展馆签约了包括日本发那科、SNK、德国西门子、美国微软等84家全球顶尖企业，近万平方米的珠宝馆签约了来自意大利、日本等20多个国家的近200家著名珠宝企业参展。中国机床总公司既是首届进口博览会的采购商，也承担着招展和组展工作，选择的参展商全都是国际上各个细分领域中的龙头型制造企业。公司副总经理吴放表示，"世界前十的机床装备企业我们这次请来了八家，世界上前五的刀具企业我们请来了四家，基本上我们的这个展馆高端荟萃，绝对是这次进口博览会上一个惊艳的亮点"。[①]

---

① 海阳：《中国机床：前十大机床巨头请来了八家》，2018年7月27日，https://www.thepaper.cn/newsDetail_forward_2298607。

跨境电商企业也在招展组展过程中充分发挥自身的特色优势。例如，阿里巴巴旗下的天猫国际广泛动员平台上的海外品牌和商家，邀请麦德龙、英特尔、汉高、露华浓、MTG集团、雅诗兰黛、戴森、喜宝等200多家世界顶级品牌和公司来华参加进口博览会，参展商覆盖实物商品和服务贸易各个相关行业，招展面积和数量在所有电商类招展合作伙伴中排名第一。天猫国际总经理刘鹏指出，美妆个护、母婴商品、食品和保健品是阿里巴巴在招商过程中聚焦的重点品类。[①]苏宁同样扮演参展和采购的双重角色，通过苏宁参加首届进口博览会的境外企业有10家，涵盖家电、体育文化、邮轮旅游等多个领域，涉及品牌产品超过1 000种，其中由苏宁控股的乐购仕和国际米兰也以境外展商身份参展。以服饰为特色的唯品会则以国外潮流服饰品牌为招商主攻方向，引进的都是尚未在国内开展业务的品牌。

在各方的共同努力下，首届中国国际进口博览会招展成效大大超出预期，共吸引了来自151个国家和地区、3 600多家企业参与，覆盖G20所有成员国。其中，世界500强和行业龙头企业达到200多家，还有众多来自"一带一路"沿线发展中国家和最不发达国家的企业，具有很强的包容性和代表性。

（二）招商

在面向全球招展的同时，境内外精准化招商也有序展开。根据中央批准的招商工作方案，首届中国国际进口博览会确立了"政府招商为主、市场化招商为辅"的总体原则，组建了中央企业交易团、国家卫生健康委员会交易团和37个地方交易团、592个交易分团，邀请了超过15万境内外采购商到会。此外，进口博览会还借助广交会等各种

---

① 徐晶卉：《电商"买手"将为消费者带来哪些利好》，《文汇报》2018年8月19日。

成熟渠道，广泛邀请优质境外采购商。

中央企业交易团由国务院国资委牵头组建，全部98家中央企业成为第一批采购商，各大央企也相应成立了交易分团。国家卫健委交易团成员包括44家委属（管）医院和中国医学科学院、中国疾病预防控制中心、国家食品安全风险评估中心、国家卫生计生委科学技术研究所，以及国家中医药局属（管）6家医院和中国中医科学院。按照政府组团、行业对接、社会参与的方式，各省区市、新疆生产建设兵团和计划单列市陆续组建了条块结合的交易团，并在此基础上制定采购工作方案，分地区、分品类、分行业、分领域筛选重点采购商名录和进口项目清单。例如，山东省建立了省国资委、省经信委等16个省直部门和济南、潍坊等16市交易分团；重庆市组建了包括24个区县分团、7个部门分团、两江新区分团和重庆对外经贸集团分团在内的33个交易分团；北京市交易团下设国有企业、高端装备及汽车、医疗器械及医药用品、食品及农产品、跨境电商、时尚品牌、服务贸易、中关村科技创新、亦庄经济开发区、天竺综合保税区等10个重点企业交易分团及16个区交易分团；江苏省成立了13个设区市、省属企业、江苏江北新区和江苏工业园区等16个交易分团，并实施"1246"招商行动，即动员1万家企业和机构报名，发动2.5万名专业观众参会，围绕智能制造、服务贸易、品质消费、医药医疗等4个有关产业升级和消费升级的重点领域进行贸易对接、促进成交，组织6 000家重点进口企业和商贸流通企业到会采购；浙江省在组建13个交易分团的同时制定了"十百千万"工程，即组织10场进口专场采购会、100家进口平台企业、1 000家重点进口企业和10 000家采购商。

作为进口博览会的主办地，上海交易团设计了"2+4+18"的组织构架，建立了首届进口博览会采购成交的立体交易保障体系，可覆盖展前、展中与展后等各个阶段。具体而言，"2"是指"6天+365天"一站式交易服务平台线上和线下两大平台；"4"是指大型零售商联盟、综合贸易服务商联盟、跨境进口电商联盟、展示展销服务联盟等四大采购商联盟；"18"是指16个区分团、国资分团和服务贸易分团。2018年6月21日，四大采购商联盟举行揭牌仪式，标志着上海交易团"2+4+18"的组织构架正式形成。（1）大型零售商联盟重点发挥百强零售企业基础性作用，依托百联集团、光明食品集团、绿地商业集团、苏宁云商集团等内资零售企业，以及麦德龙、沃尔玛等外资零售企业，打造线下直销服务平台，组团式入驻进口博览会；（2）综合贸易服务商联盟重点发挥中国进出口500强企业作用，依托东方国际集团、东浩兰生集团等综合贸易服务企业，协助提供招展招商以及贸易、物流、报关报检等专业配套服务；（3）跨境进口电商联盟依托上海跨境电商行业协会，以天猫国际、京东全球购、小红书、洋码头等跨境电商龙头企业为主要渠道，致力于引进境外新产品参展，打造"展前推广、展中体验、双11联动、常年销售"的线上直销平台，形成6天展会和全年销售联动效应；（4）展示展销服务联盟依托东浩兰生集团，着重于整合上海现有的包括外高桥保税区红酒、机床、汽车、化妆品等保税展示平台，以及虹桥商务区进口商品展示交易中心、中东欧16国国家馆等国别商品中心，搭建功能各异、精准对接的展示交易平台。此外，上海交易团通过分团内部的架构和流程设计，16个区分团的工作下沉到每一个街道、镇、区属园区，国资分团和服务贸易分团则通过大型企业集团和委办局工作落地，基本实现了上海地区采购商的全覆盖。（参见图2.1。）

　　以政府组团为主的招商模式有助于在短时期内集聚人气、促进交易，但也不可避免地引起了外界对进口博览会可持续性的疑虑。对此，国务院副总理、筹委会主任胡春华在首届中国国际进口博览会筹备委

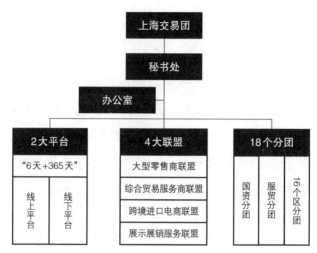

图2.1　首届中国国际进口博览会上海交易团组织架构

员会第三次会议上指出，要推动形成市场化招商的长效机制。[①]从长远来看，这也是进口博览会"今后要年年办下去"的必然选择和题中之义。

二、城市保障

国际一流的博览会有赖于国际一流的城市服务保障。作为进口博览会的主办地，上海坚持"最高标准、最快速度、最实作风"，紧紧围绕"进得来、出得去、行得畅、住得下、吃得好、守得稳"的总要求，专门成立城市保障领导小组，精心制定进口博览会城市保障工作总体方案和19个专项保障方案。在筹委会统一领导下，以国家会展中心为核心区域、以虹桥区域为重点区域，一手抓硬件改造，一手抓软件升

---

① 商务部：《胡春华主持召开首届中国国际进口博览会筹备委员会第三次会议暨全国交易组织工作会议》，2018年6月22日，http://www.mofcom.gov.cn/article/ae/ai/201806/20180602758070.shtml。

级，上海全力推进城市保障各项工作。①

2018年4月17日，上海市委书记李强在决战中国国际进口博览会200天全市动员大会上强调，要牢固树立"一盘棋"思想，聚焦主场外交做好外事保障，聚焦展会服务做好客商保障，聚焦论坛活动做好智力保障，举全市之力做好各项筹备工作，确保首届中国国际进口博览会取得圆满成功。②为此，上海市主要领导多次赴现场调研、召开专题会议，各分管市领导靠前指挥，召开各类专题会议数十次，着力在"不一般"三个字上下功夫。城市保障领导小组按照"统一指挥、整体部署、分级管理、各自负责"的原则，紧紧围绕安全、有序、便捷、高效的目标，对决战200天行动计划确定的16个方面86项重点任务，均采取挂图作战的任务管理方式落实推进。城市保障领导小组办公室建立以问题为导向的有效协调机制，通过每周例会、工作周报、工作专报等制度，及时协调解决问题。全市各区、各部门、各单位排出各自的任务书、进度表，把任务分解到人、责任落实到人。随着进口博览会进入临战实战阶段，上海城市服务保障围绕"冲刺100天"行动计划确定的18个方面170项任务，各项工作以10天为一个节点扎实有序推进。李强在国家会展中心（上海）实地检查中国国际进口博览会筹办工作时强调，"越是工期紧、任务重，越要在质量、安全和细节上下功夫，强化实战演练、强化环节排查，以钉钉子精神确保既定目标任务落实落地"。③

为了适应主场外交和一流博览会的高要求，上海实施了一批重大项目建设。按照节俭办会的原则，针对性地开展场馆改建、软装设计和艺术创陈等工作，推进城市道路交通、环境整治、绿化提升等配套

---

① 参见进口博览会筹委会办公室副主任、商务部副部长兼中国国际进口博览局局长王炳南在首届中国国际进口博览会"倒计时100天"新闻发布会上的答问。

② 谈燕：《举全市之力确保进口博览会圆满成功》，《解放日报》2018年4月8日。

③ 谈燕：《强化实战演练 强化环节排查》，《解放日报》2018年9月20日。

图2.2 国家会展中心场馆改建现场（一） 管欣怡/摄

图2.3 国家会展中心场馆改建现场（二） 徐 汇/摄

建设。其中，国家会展中心场馆改造设计整体格调凸显"大国风范，海派韵味"（参见图2.2、图2.3）。屋顶提取中国古代建筑元素——庑殿顶轮廓，上方勾勒圆形屋面，墙面缀以抽象海派文化符号，形成"天圆地方"的浩瀚格局。迎宾厅上方的吊灯有天花盛开，赋予进口博览会美好愿景。在国家会展中心（上海）的所在地，上海市青浦区保障博览会的各项工作严格对照时间表推进，95项任务压茬推进，108项保障夜以继日。同时，按照"对标一流、体现双最、优于世博"的原则，上海全面推进绿化提升和环境整治行动，努力做到"让游客愿意在路边举起手机、按下快门，充分感受城市处处是风景"。例如，长宁区积极完成24.5千米的架空线入地整治、20万平方米的绿地整治、1 500平方米的新建绿地、104处楼宇立面提升、347个店招规范、19条河道整治，使绿化、灯光、景观品质等全面提升。

境内外人流和物流在短期内的快速、大量涌入，是对上海城市安全保障能力的综合考验。按照"守住边、稳住面、保住点"的总体思路，上海以"智慧公安"为总引擎，建立了两级安保组织体系、动态风险评估机制、战时勤务运作机制等工作机制，制定了2个总体方案以及通道卡口查控、社会面防控、城市公共安全等16个专项方案。通过建设全方位、全覆盖的智能安防体系，全面升级安保工作的智能化、精准化、专业化水平。2018年9月7日，国家会展中心（上海）举行首次保障中国国际进口博览会大型综合应急演练，承办和参加演习单位共30家，涉及参加演习人员700多人、志愿者500多人，演练车辆过百辆，演练地点分布多处，充分调用了应急人员和资源，努力为保障进口博览会顺利召开营造安全环境。①

围绕"精准、有序、可控"的总体目标，上海重点推进城市交通组

① 范佳来：《保障进博会大型应急演练举行》，《解放日报》2018年9月8日。

织"配套建设、整治提升、运行保障"三大类目标任务，确保客商嘉宾
"进得来、出得去、行得畅"。在配套建设类任务方面，完成国家会展中心
（上海）周边15条配套道路建设，不仅可以直接缓解当地交通压力，还
有助于分解G50沪渝高速、G2京沪高速车流，实现长三角"快进快出"。
在整治提升类任务方面，17项任务稳步推进，优化提升国家会展中心周
边交通一体化指引，开发交通导引App。在运行保障类任务方面，着重建
立多层次、集约化的客运保障系统，分散引导、需求可控的道路保障系
统，全面感知、个性服务的信息保障系统，以及协调运作、多措并举的综
合管理保障系统。制定交通设施运行组织方案和应对瞬间大客流进出保障
方案，增加机场、铁路、轨道、公交等公共交通运能。根据大客流、短时
间集聚特点，协调民航、铁路等相关部门，加密航班、火车频次。借鉴上
海世博会、上海国际汽车展等大型展会活动期间城市交通组织模式，确保
"开幕首日交通精准、专业日交通有序、公众日交通可控"。①

　　一流的城市保障体现在许多外事接待和展会服务的细节安排中。**在
餐饮服务方面**，围绕"供得上、吃得安"，上海启动餐饮服务升级工程，
建立了覆盖核心区（国家会展中心和接待宾馆）、辐射区（展馆周边10
千米内）和全市范围的餐饮保障体系，重点保障展会期间场馆内十大类
人群餐饮需求。**在住宿保障方面**，按照"加强统筹、确保供给、维持稳
定"的思路统筹全市住宿资源，上海将全市酒店按区域分布分为"7+1"
个圈层，梳理形成全市三星级以上1 700余家酒店、25万余间客房供给
清单，公布价格行政干预方案，确保住宿价格稳定，让参展客商"住得
下""住得起"。同时，与吴江、太仓、昆山、常熟等长三角周边城市建
立住宿保障联动机制。**在窗口服务方面**，全市35个重点窗口行业开展服

---

① 参见上海市人民政府副市长、中国国际进口博览会筹委会办公室副主任、筹委会筹备工
作现场指挥部总指挥吴清在首届中国国际进口博览会"倒计时100天"新闻发布会上的答问。

务规范、服务技能、礼仪常识、接待用语等综合培训300余场，培训超过24万人次。**在市场执法监管方面**，上海重点推进违法违规经营治理、打击侵权假冒、虚假违法广告、维护消费者权益等工作，向境内外展商客商展示良好的市场环境。**在内外宾接待方面**，上海围绕"迎、行、住、食、转"五个环节，分类分层细化落实接待流程和接待标准。**在志愿者服务方面**，上海滚动招募培训5 000名志愿者、组建100个"青春上海"城市文明志愿服务站点和100支志愿服务队伍，提供热情真诚的志愿服务。此外，在论坛组织筹备、医疗卫生、食品安全、能源供应、通信保障、新闻宣传等各相关领域，上海也都制定了相应的保障方案和应急预案，努力为一流博览会营造一流环境。

在此过程中，各行各业纷纷结合自身工作实际开展针对性的保障行动，许许多多基层工作者付出了大量心血。例如，中国石化销售有限公司上海石油分公司对场馆周边加油站进行双层罐改造，并在主要场馆附近的加油站开展"双语"培训。国网上海市电力公司组建60余支党员突击队攻坚克难，确保进口博览会周边45千米道路架空线入地全部完工。上海虹桥枢纽运营管理有限公司环卫清道班的200多名环卫工人承担着进口博览会核心区域的道路保洁重任，班长陶永强表示，"我们开了几次动员会，所有人都做好了加班的准备，坚决不让道路这扇对外的文明窗口蒙尘"。①

可以说，作为上海改革开放40年发展成就和城市形象的集中展示，中国国际进口博览会是对上海城市精细化管理水平和国际化营商环境的全面检验，而只有通过不断提升自身综合服务保障能力，才能使进口博览会的溢出效应充分释放，惠及上海和各方。（参见图2.4。）

---

① 《以最充足干劲，推进各项服务保障——写在首届中国国际进口博览会倒计时100天之际》，《解放日报》2018年7月28日。

图2.4　上海市某居民
社区宣传板
邹　磊/摄

三、专业服务

国际一流的博览会有赖于国际一流的专业服务保障。在各方的共同努力下，首届中国国际进口博览会形成包括物流、通关、金融、现场服务和知识产权保护等在内的专业化、便利化、定制化服务体系，为境内外参展商、采购商、论坛嘉宾和观众营造了覆盖展前、展中和展后的国际一流环境。

（一）物流

如何将来自全球各地的展品安全快捷地运送到上海？中国远洋海运集团有限公司是中国国际进口博览局唯一推荐的国际段运输服务商，承担展品在中国境外的运输服务。由于单个企业的参展商品不一定能装满整个集装箱，展商存在定制化和拼箱运输的需求，中远海运为此首次搭建了可以满足拼箱操作的在线订舱平台。参展客户只需以参展编号注册并登录该平台，便可进入快速订舱流程，在填报订舱信息时可选择整箱或者拼箱操作。在数分钟之内，就能为其远在千里之外、大大小小的展品预订前往中国国际进口博览会的"船票"。订舱平台与海关系统实现数据对接，实时推送订舱运输信息，便于海关对通关货物有效监控，有利于实现展品快速通关。通过高度集成的数据系统，订舱平台可将展品运输的动态信息定时推送进口博览局，以便随时掌控展品运输进程。

在承运过程中，参展商通过输入参展号或订舱序列号，就能准确掌握其展品的即时运输动态。中远海运的客服团队在订舱和运输过程中，会主动通过电子邮件，及时向参展商发送订舱及运输的情况信息反馈。该订舱平台具有开放式的业务模式，支持第三方物流方案的纳入，从而能实现与第三方物流供应商的协同，为客户提供无缝衔接的全程物流运输服务。（参见图2.5。）

图2.5　中国国际进口博览会首批展品出运　李　晔/摄

在商务部和进口博览局提议下，中远海运给予最不发达国家和发展中国家（地区）的展品运费全免和五折优惠，并提供优质优惠的境外运输服务解决方案。在西亚、中欧、南美、非洲等原先网络连接相对不便的地区，客户现在只需10秒不到就可以打开订舱平台网站；对于网络连接条件实在困难的地区，中远海运也将登记清单，协同物流服务团队对这些地区不同的客户需求予以线下关注，并随时提供有针对性的服务，努力实现订舱服务全覆盖。①

（二）通关

来自境外的展品如何在上海口岸快速通关？为此，海关总署为进口博览会量身定制了一系列便利措施，通过"单一窗口"和"互联网＋海关"，实现进口博览会信息一次备案，简化审批、参展、检疫手续，为进口博览会提供展品备案、展品通关、展中监管、展品核销等全流程服务。上海海关为进口博览会设置了贵宾礼遇通道、进境展览品专门通道和专用窗口，优先办理申报、查验、抽样、检测等海关手续，对进口博览会物资实行即查即放；在全国率先开展"企业归类先例"模式试点，为广大参展商的新产品进入中国解决归类难题；上海国际贸易"单一窗口"设立进口博览会专区，不仅提供展览品物流跟踪查询，还增设源头质量追溯服务，进口展览品的产地、生产日期、何时到港、何时上架等信息将一目了然。国家会展中心向上海海关提供银行保函办理税款总担保，使参展展品在保税状态下快速通关入境参展，参展商无需额外承担费用。在海关的支持和指导下，国家会展中心还在北广场开辟临时查验场地，使晚到展品、贵重展品以及一些不便于

---

① 俞凯：《最不发达国家可获展品运费减》，2018年7月27日，https://www.thepaper.cn/newsDetail_forward_2290084。

口岸开箱查验的展品统一集中安排查验，查验后直接进入展馆布展，帮助企业降低物流成本。针对许多参展商关心的食品、农产品准入问题，《2018年中国国际进口博览会检验检疫限制清单》中有检疫准入要求但未获准入的食品、农产品，经评估没有疫情疫病传播风险后将被允许参展。同时，为了方便食品参展商开展市场推广，海关规定相关预包装食品可免于加贴中文标签，但须在展品旁用中文注明品名、保质期、食用禁忌和食用方法等信息。（参见图2.6。）

图2.6　中国国际进口博览会海关专用窗口　李　晔/摄

在6天展会结束后，境外展品又能否继续留在中国展示呢？针对参展商的这一共同需求，海关进行了针对性的安排。**一方面，延长ATA单证册项下货物暂时进境有效期**。ATA单证册是世界海关组织为暂准进口货物专门创设的海关文件，相当于进境展览品的"护照"。以往，ATA单证册的海关签注期限是6个月。届时如果参展商还希望把展览品留在境内继续展出以寻找买家，就必须到海关办理"护照"延期手续。

对于汽车、机械设备、高端文化产品等推广周期较长的企业来说，6个月签注期常捉襟见肘。经海关总署批准同意，ATA单证册项下进口博览会暂时进境展览品的首次进境期限，单证册有效期延长至1年。这有利于海外参展商在进口博览会结束后继续利用进境展览品在中国拓展市场，进一步扩大进口博览会参展效应。**另一方面，实施保税展示展销常态化**。按照海关现行规定，进境展览品在展会结束后原则上应复运出境，即使这些展览品希望继续在境内通过保税展示寻觅买家，也必须实际出境一趟，办结相关手续后才能再次申报进境。为此，上海海关为入境展览品在国内找到了临时"新家"。具体而言，进口博览会闭幕后，希望留在境内开展保税展示、继续寻找买家的展览品可以结转到海关特殊监管区域和保税监管场所，无需实际出境即可办理结案手续，商品性质从展览品转化为保税货物。此后，展品就可按照保税货物的有关规定开展保税展示等相关业务，由此减少了货物因实际进出境产生的物流运输成本，方便企业展后处置。

（三）金融

如何为境内外参展商和采购商提供覆盖展前、展中和展后的金融支持？中国银行针对客户需求，从基础产品、特色产品、专属产品三个维度构建"金字塔"服务体系，深度定制"合、汇、保、融"四位一体服务方案，做好全方位采购项下的金融服务，通过"中银全球中小企业跨境撮合平台"，提高交易成功率。中行虹桥会展中心支行面积逾2 800平方米，是进口博览会会场周边规模最大、综合服务能力最强的支行，可以为各参展商和采购商提供咨询、开户、汇兑、结算、担保、投资、融资、现金管理、协助报关、资信调查、咨询及见证、个人金融服务在内的一揽子金融服务方案。中国建设银行也设立了为进口博览会提供现场服务的专业支行，针对采购商的大额采购计划及临时的融资需求，建立快速融资的绿色通道，并开发了专用专属产品，为企业提供高效优质的金融服务。汇丰银行主打环球网络、全能银行、金融创新三大服务特色。中国进出口银行则发挥政策性金融优势，综合运用进口信贷、进口贸易融资等产品，为境内进口商和境外供货商提供多种金融服务。此外，中国农业银行、中国工商银行、东亚银行、花旗银行、三菱日联银行等在沪中外资银行也都为进口博览会量身定制了创新性金融服务方案，为参展企业提供无缝的国际贸易融资服务产品。

为了更好地促进成交，各大银行还针对性地推出了人民币跨境贸易金融服务业务。具体而言，金融机构向境外参展商提供人民币贸易融资，还款则来自境内采购商进口支付的人民币货款。这不仅可以帮助境外参展商和境内采购商降低交易成本，规避货币汇率风险，还有助于促进人民币在我国进口贸易中的使用。[1]

除了银行之外，保险机构也为进口博览会提供了重要的金融支持。例如，中国太保为首届进口博览会提供了涵盖知识产权保险、关税保证保险、网络安全保险等新型风险和财产保险、公众责任险等传统风险的一揽子财产保险解决方案，总保额约350亿元。进口博览会首票通关的进境展品——来自芬兰的生物概念车——就是由中国太保集团旗下的中国太保产险负责全程运输的独家货运保险服务，为展品顺利来沪参展起到了保驾护航的作用。

（四）博览会现场服务

如何确保参展商、采购商、论坛嘉宾和观众在进口博览会现场得

---

[1] 段思宇：《跨境融助力贸易通，首批36家银行进博会提供人民币跨境金融服务》，2018年9月19日，https://www.yicai.com/news/100029475.html。

到便利服务？为此，国家会展中心（上海）推出了人工导览、物理导览和数字导览的"三位一体"导览体系。在人工导览方面，结合现场咨询服务点的设置，配置一批志愿者提供人工导览，除基本的中英文外，还提供多语种志愿咨询服务。在物理导览方面，按"四叶草"叶瓣进行颜色区分，针对进口博览会的特点增加外文引导，加强功能指引。在数字导览方面，建设国际化的首例大型展馆室内外定位导航系统，展商客商可以通过进口博览会的官方手机App使用数字导览服务。

此外，国家会展中心（上海）还在现场设置了4个一站式服务专区，组织各类服务商、金融保险、综合贸易服务单位以及海关、食药监、工商、税务等与展会业务相关的政府部门驻场保障，全面提供展会搭建、物流运输、配套服务、增值服务、知识产权、政策解读、行业分析、认证注册等专业咨询服务，一站式解决展商、采购商及观众的各类需求。

（五）知识产权保护

参展各方的知识产权权益如何得到切实保障，在进口博览会上首发的新产品、新技术如何得到更好保护？为此，中国国际进口博览局与上海市有关部门共同形成覆盖展前、展中和展后的知识产权保护"一条龙"服务，将为参展商和采购商提供一流的知识产权和商事法律咨询服务，使进口博览会成为知识产权保护的高地。

在展前阶段，进口博览局主动对接参展方需求，制作进口博览会知识产权宣传手册，会同相关部门开通知识产权咨询热线，通过参展手册、官方网站等多种途径公布知识产权保护信息，提示参展商参展注意事项，为参展商和采购商提供指引。

在展会期间，在场馆内设立知识产权保护与商事纠纷处理服务中心，邀请有关知识产权和商事法律专家入驻，为参展商和采购商提供相关法律咨询与纠纷调处服务。

在展后阶段，继续通过官网、呼叫中心和咨询热线，为参展商和采购商提供知识产权咨询。服务中心将及时汇总分析相关咨询和投诉处理情况，研究完善相关服务。[①]

四、展前对接

展前对接是中国国际进口博览会的重要创新，让通常在展会开幕以后才见面的参展商和采购商可以提前接触，有助于促进供需双方的精准对接，使进口博览会的平台效应、乘数效应得以提前释放。以智能及高端装备展区为例，正如招展方之一的东浩兰生集团董事长王强所说，单件展品往往价值数百万元甚至数千万元，要实现成交，提前对接就非常重要。[②]

2018年4月28日，在首届进口博览会倒计时200天之际，第一场展前线下对接会邀请了47家中央企业、地方国企、大型民企和外资龙头企业的百余名采购商，与25家世界500强和行业龙头企业参展商进行对接，取得良好的效果。从6月14日至8月30日，七大展区的展前"路演"陆续举行，来自数十个国家的1 000余家参展商和采购商代表纷纷来到"四叶草"宣介展商展品、发布采购需求、开展对接洽谈、聆听政策宣讲，多份预采购意向协议在对接会上签署。据悉，随着展前对接会知名度和美誉度的提升，许多来自长三角地区之外的采购商不顾路途远和时间紧，总是刚下飞机、火车，提着行李就来到国家会展中心参加对接会。一些采购商表示，"这里的信息很充分，收获很

[①] 中国国际进口博览局：《知识产权保护常见问题解答》，https://www.ciie.org/zbh/zsjd/。
[②] 周蕊、黄扬：《全球企业"热捧"第二届进口博览会展位提前一年"开抢"》，2018年8月8日，http://www.xinhuanet.com//fortune/2018-08/08/c_1123243056.htm。

图2.7 展前供需对接会现场（一） 徐 汇/摄

图2.8 展前供需对接会现场（二） 徐 汇/摄

大，可以让我们为正式的展会采购做足准备"。[1]（参见图2.7、图2.8。）

口味多变的奥地利有机巧克力、品种丰富的西班牙鱼肉罐头、复古的意大利咖啡机、清香的加利福尼亚护手霜、只有130克的日本羊皮鞋、总重近200吨的德国机床"金牛座"龙门铣、兼具汽车和飞机双重功能的斯洛伐克"会飞"的汽车、全世界最小的心脏起搏器、全世界最薄的血压仪、全世界最快的免疫分析仪、无人商店安全认证技术规范……这些让中国消费者眼前一亮的产品和服务在展前供需对接会上被提前"剧透"。

许多参展商用"没想到""想不到"来描述在展前对接会上感受到的惊喜："没想到采购商这么热情，真后悔名片带少了"，"想不到来参加对接会的采购商比我们勾选的还要多，事前还怕他们不来呢"，"想不到会有那么多中国国有企业、民营企业来跟我们对接，之前我们的客户都是外资企业"。[2]在智能及高端装备展区展商客商展前供需对接会召开前，美国英格索兰公司按主办方要求勾选了5家有意向洽谈的采购商，但在供需对接会上，前来洽谈的采购商远远不止5家，其中专程从武汉前来的东风汽车就是计划外的采购商之一。德国永恒力叉车是一家拥有65年历史的叉车制造商和仓储物流解决方案服务商，带来了3款产品，既有智能自动化解决方案，又有主打产品全自动窄巷道叉车，还有性能达到世界领先水平的拣选车。该公司中国区总经理白大平在对接会现场欣喜地表示："之前我们在中国的客户大部分为在中国有工厂的外资企业，这次对接会让我们接触到了很多中国的国有企业，这很让人意外，是个惊喜。这为我们未来拓展中国市场将有很大帮助。"[3]为了给展客商精准对接提供便利，现场还推出了一个微信小程

[1][2]　张煜、吴卫群：《参展商们连连感叹"想不到"》，《解放日报》2018年9月1日。

[3]　张煜等：《外国高端装备制造企业在中国的生意好做吗？答案就在进博会对接会》，2018年8月8日，https://www.jfdaily.com/news/detail?id=99347。

序，参会展商的简介、"明星产品"的亮点等信息都能直观看到，还提供预约洽谈的功能。（参见图2.9。）

图2.9 展前供需对接会现场（三） 徐 汇/摄

在各场展前对接会上，海关总署、食品药品监督管理总局、中国远洋海运集团有限公司、中国银行等政府和相关服务机构，分别从通关、展品进口政策、物流、金融服务等方面，为参展商进行了详细的政策解读和服务产品的宣讲，使企业对进口博览会和中国扩大开放政策有了更直观的了解。例如，在依视路光学高级商务总监白梅看来，"对接会让我们这些跨国企业零距离接触到中国政府，听到他们对政策的最新解读，让我们对中国的相关法律政策有了更深的理解"。①

除了了解最新政策之外，拓展合作渠道是各参展商和采购商前来

---

① 张煜、吴卫群：《参展商们连连感叹"想不到"》，《解放日报》2018年9月1日。

参加对接会的重要诉求。例如，在医疗器械及医药保健展区展前供需对接会现场，欧姆龙健康医疗（中国）有限公司网络企划部推广经理宋超很方便地找到了以往需要花很多成本才能对接上的潜在客户，包括三、四线城市的社区医院等。在她看来，欧姆龙在中国一、二线城市的医疗销售渠道很成熟，但是在三、四线城市的市场拓展略显不足，进口博览会正好给公司带来了一个发展机会，可以帮助公司进行渠道下沉式的探索。相应地，来自广东省中山市中智大药房的品类管理员陈小姐则在现场一家家地咨询参展商的业务范围，交换名片，寻找合作机会。她表示，"在中山市，我们对接的都是药企中山分公司的工作人员，意向需要层层传达到总公司，再层层反馈回来，效率低。本次对接会，来的都是总部的人，所以我希望多与一些企业建立联系"，"我要向进口博览局要一份参展商名单，有一些没联系上的打电话联系"。① 作为世界500强之一，美国杜邦公司在中国市场已有不小的知名度。在杜邦中国研发中心总经理陈志东看来，智能及高端装备展区展商客商展前供需对接会形式新颖，吸引了不少对杜邦感兴趣的企业前来了解情况，未来会进行更具体的业务对接，"而对那些老朋友来说，对接会可以让他们更全面地认识我们，因为杜邦有许多产品，可以提供各种解决方案，也可以促成新的合作"。② 在食品及农产品展区展商客商展前供需对接会上，来自世界各地的境外美食集中亮相。上海绿地商业（集团）有限公司国际采购部副总监金璐表示，"我今天在现场逛了一圈，已经看中了很多商品，酒类、休闲食品、饮料都是我们感兴趣的品类"。除了选购具体商品之外，东方购物副总裁李卉蓉

① 张煜等：《跨国药企齐刷刷来到这个对接会，搭上"进口快车道"的新药将给中国患者带来哪些福利》，2018年8月23日，https://www.jfdaily.com/news/detail?id=101615。
② 张煜等：《外国高端装备制造企业在中国的生意好做吗？答案就在进博会对接会》，2018年8月8日。

还与前来参会的境外优质组展机构资源取得了联系，"这些组展机构可以帮助我们去联络和物色东方购物希望拓展的方向，我们也会着重扶持仍处于成长期的新概念、高品质商品"。[①]在服务贸易展区展前供需对接会现场，尽管没有任何实物产品，汇丰银行、渣打银行、伊藤忠、德勤、SGS、美国联邦快递、中国台湾万海航运等20多家知名参展商与近90家对口的采购商开展合作对接，热闹程度不逊于其他任何一场对接会。此外，不同行业领域展商客商的"混搭"也碰擦出了新的火花。在汽车展区展前供需对接会上，主办方还专门邀请了"圈外"的房地产开发商前来参会，为广大参展商提供了新的合作机会。例如，伟巴斯特公司带来的一项主打展品新能源充电桩，在对接会上就受到好几家房地产开发商的青睐。（参见图2.10。）

图2.10　展前供需对接会现场（四）　徐　汇/摄

① 徐晶卉、汪荔诚：《进口博览局举办展前供需对接会，参展商、采购商等不及先"相亲"》，《文汇报》2018年6月14日。

值得指出的是，展前对接会为参展商提供了将线上和线下渠道进一步打通的重要契机。例如，葡萄牙家庭清洁剂品牌膜太（MOOTAA）此前已通过跨境电商渠道进入中国，主要在天猫、京东等在线平台进行销售。在服装服饰及日用消费品展区展商客商展前供需对接会上，膜太在中国的经销商代表特地对接了一些商超企业，寻找未来从线上进入线下销售的可能性。在他看来，进口博览会为像膜太这样刚进入中国不久的外国品牌提供了更多拓展渠道和让更多消费者知晓的机会，"如果靠我们自己在线下推广，成本实在太高，不划算"。[1]类似地，在医疗器械及医药保健展区展前供需对接会现场，武田制药企业事务及传播部的王勤勤表示，"本次参加对接会之前，已经在线上和不少企业建立了联系，这次借助展前对接会，大家见见面，坐在一起交流，增进彼此间的了解"。[2]（参见图2.11。）

图2.11 展前供需对接会现场（五） 徐 汇/摄

---

① 张煜、吴卫群：《想变美，想让生活更方便的消费者看过来！进博会不会让你们失望》，2018年7月26日，https://www.jfdaily.com/news/detail?id=97853。
② 张煜等：《跨国药企齐刷刷来到这个对接会，搭上"进口快车道"的新药将给中国患者带来哪些福利》，2018年8月23日。

　　展前对接会让境外企业对中国市场的需求和自身产品的实力有了更准确的把握。例如，在消费电子及家电展区展商客商展前供需对接会上，德龙集团旗下家用电器品牌Ariete亚太区产品负责人大卫·米勒（David Miller）表示，"其实，我们的产品在一年半以前就已进入中国市场，品类多达几十种……通过这段时间的摸索，我们已慢慢发现，中国消费者其实比欧洲的消费者对产品的品质要求更高，并且也更挑剔。而展前供需对接会也让我们更加确定，我们已经或将在中国市场销售的产品完全符合中国消费者对'消费升级'产品的期待"。①

　　作为一个同场竞技的大舞台，展前对接会也让参展商对同行业参展企业有了更全面的认识，从而有可能更充分地面对直接或潜在的市场竞争，为在进口博览会上的正式亮相做好准备。正如有的参会企业代表所说："其实提前与潜在客户对接是次要的，因为我们已进入中国市场很多年，并且在中国市场的销售渠道做得还不错。重要的是，对接会让我们提前看到其他同行业参展企业将为进博会带去的展品和新思考，这让我们可以为参加进博会做更充分的准备。"②

　　在展前对接会上的积极反响和良好互动使展客商对首届进口博览会充满期待，许多企业还在现场完成了第二届进口博览会参展企业的预报名工作。正如有的参展商所说："多进口将成为中国未来贸易的发展趋势，通过供需对接会，我们已感受到中国市场的魅力，因此要为了明年，早点预约展位，抢个好位置。"③

---

　　①②③　张煜、吴卫群：《想变美，想让生活更方便的消费者看过来！进博会不会让你们失望》，2018年7月26日。

五、"6天+365天"一站式交易服务平台

从时间上，每年11月举办的中国国际进口博览会只持续6天，而各方对进口交易服务的需求却具有长期性。那么，如何将进口博览会的平台效应和服务功能延长至365天，打造"永不落幕的进口博览会"？

根据《中国国际进口博览会实施方案》，上海市负责组建"6天+365天"一站式交易服务平台，促进进口博览会举办期间和日常的进口交易服务。按照政府引导、市场运作、企业化运营的原则，采取线上线下结合、短期长期结合的方式，提供中国国际进口博览会"6天+365天"常态化专业服务，为全球优质商品和服务进入中国市场提供多模式、多渠道、多元化的交易促进服务，延长博览会展示周期、放大博览会展览效应，打造永不落幕的中国国际进口博览会。

2018年4月18日，中国国际进口博览会"6天+365天"一站式交易服务平台（https://www.e-ciie.com）正式上线。当天，由东浩兰生集团与上海市贸促会共同出资的上海国际进口交易服务有限公司揭牌成立，主要负责平台的设计、规划、建设和运营。线上平台将运用智能化手段把线下6天展会场馆实景搬到线上，以365天在线店铺橱窗形式展示参展商的企业形象、商品和服务，吸引国内外专业采购商和专业服务商在线浏览参观，并通过在线交易平台在线洽谈撮合、在线交易支付，助力全球优质商品、技术和服务顺利进入中国市场。此外，这一平台还提供迅速、便捷、安全的跨境人民币支付方案，为境外参展商提供应收款担保，为境内采购商提供预付款担保。[1]（参见图2.12、图2.13。）

---

[1]　陈惟：《"6天+365天"一站式平台凸显三大功能》，《文汇报》2018年4月19日。

图 2.12　中国国际进口博览会 "6 天 +365 天" 一站式交易服务平台（一）

图 2.13　中国国际进口博览会 "6 天 +365 天" 一站式交易服务平台（二）

概括而言，进口博览会"6天+365天"一站式交易服务平台具有三大主要功能，可对接进口博览会的各项落地服务。**一是展览展示功能**。通过线上平台，不仅将展示进口博览会6天展览期间各展馆的进口展品，而且将展示各大常年展销平台的进口展品。线上展览展示不仅采取最先进的3D虚拟展厅方式，未来还将加快开发手机客户端产品，从而让供需双方能够更快速地把握商机。通过多媒体技术综合运用，采购商可以对产品有更直观的了解。**二是促进交易功能**。"6天+365天"一站式交易服务平台将以信息为媒，线上线下撮合，让参展商和采购商精准对接，加强交流，促进交易。通过这一平台，所有参会者乃至无法亲赴会场参会的参展商、采购商均可一键捕获更多商机。在线交易平台将让交易过程更便捷，交易规模更大，交易频次更高。**三是专业服务功能**。平台已经聚集了一批优秀的贸易代理、物流运输、会展、电商、金融保险、咨询中介、检验检测等专业服务业企业，可提供进口综合服务、商旅服务、展会服务等各类专业化的服务。此外，进口博览会"6天+365天"一站式交易服务平台还将提供博览会动态、产品发布、政策解读等信息服务，包括海关、质检、税务、外汇管理、市场监管等各领域的最新政策法规，努力打造成为"互联网+进口博览会+贸易服务"的生态圈。①

在此之前，上海市商务委还遴选了一批具有常年展示交易功能的线下平台，在6天的正式展会之外继续推进展示、交易、服务一体化。第一批授牌的30个平台主要分为四个类型：

一是综合服务平台。包括上海虹桥商务区进口商品展示交易中心、东浩兰生"一带一路"进口商品展销中心、冯氏集团—利程坊智慧供应链平台、上海五角世贸进口商品常年展销中心、东方国际Gracina

---

① 吴卫群：《6天+365天，打造"智慧博览会"样板》，《解放日报》2018年4月19日。

Life进口商品展示中心、国家对外文化贸易基地（上海）等6家，旨在为展商提供综合性的产品技术常年展示交易服务。

二是跨境电商平台。包括小红书、洋码头、阿里巴巴1688进口货源上海站、网易考拉海购、上海嘉定区跨境电子商务一站式综合服务平台、西北物流园区跨境电商公共服务平台、上海青浦区跨境电子商务保税展示贸易物流中心、"紫荆谷·跨境通"跨境贸易电子商务合作中心等8家，旨在通过线上渠道为消费者提供更多的海外特色优势产品。

三是专业贸易平台。包括上海外高桥国际机床展示贸易中心、上海外高桥国际化妆品展示交易中心、上海外高桥国际酒类展示交易中心、上海自贸试验区平行进口汽车展示交易中心、优安天地进口食品商贸产业园、上海自贸区红酒交易中心、365me工业交易服务云平台、上海东浩兰生公用型保税仓库、上海西郊国际农产品交易中心、上海农产品中心批发市场等10家，致力于提供机床、酒类、化妆品、平行汽车、农产品等特定商品保税展示、检测认证等专业配套服务。

四是国别商品中心。包括澳大利亚商品中心、智利商品中心、中东欧16国商品中心、意大利手工定制展示交易中心、东方国际进口商品国别展销中心、上海高岛屋日本进口品展示交易馆等6家，主要展示和交易特定国家的商品和服务。①（参见图2.14。）

"6天+365天"一站式交易服务平台的上线和常年展示交易平台的挂牌，标志着集展览展示功能、交易促进功能、专业进口服务功能于一体的中国国际进口博览会"6天+365天"常态化专业服务模式基本形成。据悉，平台还将依托大型零售采购商联盟、综合贸易服务商联盟、跨境电商联盟、展示展销平台联盟里的60多家企业，促进进口贸

---

① 吴卫群：《6天+365天 国际进口博览会"永不落幕"》，《解放日报》2018年4月12日。

图2.14　"6天+365天"常
年展示交易平台
邹　磊/摄

易。在上海市贸促会会长杨建荣看来，虽然进口博览会"6天+365天"平台并不提供直接面向消费者的零售服务，但由于供应商和采购商直接通过这个平台进行精准对接，将会大大减少销售的中间环节，从而提高交易效率，也让国外产品进入中国的成本显著降低，消费者将最终受益。东浩兰生集团副总裁曹炜也认为，除了去中间化、降低进口的成本，进口博览会"6天+365天"一站式交易服务平台还会对国外的中小企业进入中国市场产生较大利好。目前，有意向入驻平台的企业非常多，在优先满足参展企业的入驻需求之余，上海国际进口交易服务有限公司还会帮助未参展的客商入驻。①

　　此外，在国家各部委的大力支持下，上海也为中国国际进口博览会量身打造了涵盖展前、展中和展后的一揽子制度安排，争取为参展商"参展一周、服务一年"。以贯彻落实国家进一步扩大开放重大举措为契机，上海将允许展会展品提前备案，以担保方式放行展品，展品展后结转进入保税监管场所或特殊监管区域予以核销；探索建立"6天

　　① 缪琦：《进口博览会"6天+365天"平台上线　有意向入驻的企业多》，2018年4月18日，https://www.yicai.com/news/5416306.html。

+365天"展示交易的常态化制度安排,支持开展保税展示展销常态化运行,允许展品展后在海关批准的保税场所常年展示展销,并由展销企业集中办理缴纳税款等手续。随着构建开放型经济新体制的深入推进,进口博览会的溢出和带动效应将进一步从6天延伸至365天。

第三章　中国国际进口博览会的主要内容

作为国际经贸领域的中国方案，首届中国国际进口博览会主要由三部分内容构成，分别是国家贸易投资综合展、企业商业展和虹桥国际经贸论坛，同时集展示、交易和交流三重功能于一体。这种"三合一"的内容架构，在国际经贸发展史上亦属首次。那么，在短短6天之内，围绕"国际一流"和"不一般"的定位，中国国际进口博览会给全球和各方带来了哪些精彩内容呢？

一、国家贸易投资综合展

首届进口博览会国家贸易投资综合展（简称"国家展"）的展区面积3万平方米，除中国外，共有81个国家和世界贸易组织、联合国工发组织、国际贸易中心等3个国际组织参加，只展示不成交。81个受邀国家既有发达国家，也有发展中国家和最不发达国家，分布遍及五大洲，包括亚洲20国、非洲8国、欧洲21国、美洲21国和大洋洲11国。其中，德国、英国、俄罗斯、匈牙利、印度尼西亚、越南、巴基斯坦、南非、埃及、加拿大、巴西、墨西哥等12个国家担任首届进口博览会的主宾国。从展示内容来看，涵盖货物贸易、服务贸易、产业状况、投资旅游以及特色产品等。同时，国家展中还设有中国馆，以"创新、协调、绿色、开放、共享"的新发展理念为主线，通过讲述"中国进口故事"，全面展示进口在我国改革开放、"一带一路"建设中的积极作用，以及新时代中国全面开放新格局和扩大进口给世界带来的发展机遇。（参见图3.1、图3.2。）

英国是最早确认参展的发达国家和主宾国之一。2018年2月，英国首相特雷莎·梅率团访问上海，表达了积极参加首届进口博览会的意愿。从贸易数据来看，截至2017年，中国是英国第六大出口市场和第三大进口来源地，这与双方巨大的经济体量和贸易潜力仍有较大差距。在英中贸易协会主席沙逊勋爵看来，中国数亿的中等收入群体正渴望获得来自世界各地的优质产品和服务，这是英国企业的一次巨大机遇。通过本次参展，"我们想要展示汽车、旅游、医疗保健或创意产业等领域的最好产品和科技，事实上，英国在各个领域要展示的东西太多了"。[①]英国驻上

---

① 王铭洁：《英中贸易协会主席：中国国际进口博览会为英国出口带来商机》，2018年3月1日，http://cn.chinadaily.com.cn/2018-03/01/content_35766063.htm。

图3.1　首届中国国际进口博览会国家展中国馆（一）　邹　磊/摄

图3.2　首届中国国际进口博览会国家展中国馆（二）　黄超明/摄

海总领事吴侨文（John Edwards）也表示，希望进口博览会能让中国消费者看到更多来自英国的优秀产品，除了教育、金融、文化创意产品之外，英国在高端制造业、航空航天业和汽车产业等领域也非常出色，在食品饮料、零售和服装业也有着非常多的优秀产品。[1]在英国馆内，借助新一代AR镜子，观众可与经典动画角色见面、互动甚至合影。通过新兴VR技术，观众可以踏上360度全方位的3D视频和音频之旅，置身于盛大的管弦乐队表演"现场"。（参见图3.3。）

德国与中国位居世界前三大贸易国之列，两国外贸总额占世界贸易的比重近20%。2017年，中德货物贸易额达到1 805亿美元，约占中国与欧盟27国货物贸易总额的30%；中国连续第二年成为德国最大

图3.3 首届中国国际进口博览会国家展英国馆 邹 磊/摄

---

① 中国国际进口博览局：《英国篇：希望中国消费者看到更多优秀产品》，2018年6月2日，https://www.ciie.org/zbh/zhsj/20180531/4229.html。

贸易伙伴，是德国的第三大出口对象国，仅次于美国和法国；在欧盟各成员国中，德国向中国出口最多，988亿美元的出口额约占欧盟对华出口总额的45%。但与此同时，中德双边货物贸易额占两国外贸总额的比重尚不到3%，因此仍有很大的挖掘潜力。2018年7月，在李克强总理访问德国期间，双方确认德国以主宾国身份参加首届进口博览会。除了电子、航天、汽车、精密机械、装备制造等"德国制造"之外，德国优质服务扩大对华出口同样大有作为。[①]德国馆造型简约大方，采取工业风的设计，足球元素是其亮点。

俄罗斯是首个来华实地考察进口博览会的国家。2017年，俄罗斯与中国货物进出口额为869.6亿美元，其中俄罗斯对华出口389.2亿美元，中国是俄罗斯第一大出口市场。但与此同时，目前俄罗斯对华出口高度依赖原油、天然气等资源能源产品，所占比重超过70%。在此背景下，进口博览会为俄罗斯扩大对华出口结构多元化提供了新契机。俄经济发展部副部长格鲁杰夫表示，要利用进口博览会这个平台，鼓励各行业更多的一流企业去推广俄罗斯的技术、服务和产品。当前，俄罗斯的农副产品及机械制造产品已经开始进入中国的市场，俄方要统一进行宣传、推广，扩大知名度，努力打造"俄罗斯制造"这一品牌。[②]俄罗斯馆以白色为主色调，简洁明快地展示着俄罗斯的核电、旅游、体育等产业。

意大利也是最早确认参加国家展的欧洲国家之一。在国家展中以"意大利制造"的精髓和卓越为主题，旨在展示在工业制造、创意设计、家居家装、服装、美食等方面的特色优势，并邀请了相关领域的大师级人物在现场进行制作展示和讲解。意大利是欧洲制造业第二

---

① 李克强：《在第九届中德经济技术合作论坛上的致辞》(2018年7月9日，柏林)，《人民日报》2018年7月11日。

② 中国国际进口博览局：《借力进口博览会打造"俄罗斯制造"品牌》，2018年3月6日，https://www.ciie.org/zbh/xwbd/20180314/1595.html。

大国，中国则是该国在欧美之外的最大出口市场。近年来，意大利对华出口增长强劲，尤其是机械设备、汽车及零部件和医药等产品均实现大幅增长，但中国市场目前仅占其总出口额的3%，有很大的增长潜力。意大利对外贸易委员进口博览会负责人阿罗娜迪奥表示，"中国对于意大利各个产业而言都是一个巨大的且不断增长的市场"，"中国国际进口博览会对于企业的国际化发展至关重要，对于各个伙伴国之间的经贸关系更具有重大意义，尤其对于像意大利这样高度倚赖全球商品和服务贸易的国家更是意义非凡"。①

首届中国国际进口博览会第一件通关的进境展品位于芬兰国家馆。这辆名为"Biofore"的新型汽车主打生物燃料概念，由芬兰造纸业巨头UPM公司设计，所有材料都来自树木。它不仅比传统车辆轻了150千克，而且只需"喝"下可再生生物柴油便可上路行驶，最高时速120公里，续航里程约590公里。目前，中国是芬兰的第六大出口市场，芬兰有不少产品或服务具备出口中国并服务中国的竞争优势，该国的森林产业、机械产业以及信息通信产业在中国都已十分知名。芬兰经济与就业部常务秘书亚里·古泽森表示，"芬兰有很多新的公司想要进入中国市场，进口博览会将提供一个很好的平台，帮助这些企业找到中国国内的采购商以及未来潜在的合作伙伴"，"芬兰国家展也将提供一个优秀的平台助力企业"。②

中东欧和东欧国家对参展表现出了很大的热情，将之视作进入中国市场的重要契机。2017年，在匈牙利首都布达佩斯举行的第六次中国—中东欧国家领导人会晤上，各国一致通过《布达佩斯纲要》，支持

---

① 宋承杰：《意大利工商企业界整装待发亮相中国国际进口博览会》，2018年9月29日，https://www.ciie.org/zbh/xwbd/20180929/7040.html。

② 中国国际进口博览局：《进口博览会为外国企业在中国市场起步提供新动力》，2018年2月17日，https://www.ciie.org/zbh/spxw/20180217/1021.html。

中国举办首届中国国际进口博览会。作为欧洲地区的主宾国之一，匈牙利一直积极推动产品向中国出口，将中国国际进口博览会看作是对接"向东开放"政策与"一带一路"倡议的绝佳平台。捷克政府不仅在欧盟国家中首批确认参展，还专门成立了由工贸部、外交部、农业部和地方发展部组成的跨部门小组，其中工贸部牵头筹备国家展。波兰投资贸易局局长托马什·皮苏拉表示，"波兰是欧盟中的重要的出口国之一，对于进军中国市场，许多波兰企业都很兴奋"，"中国国际进口博览会将进一步提升波兰产品在中国消费者中的认知度，未来将有更多波兰企业和产品进入中国市场，希望能够得到中国消费者认可"。[①]白俄罗斯国家馆重点展示白中经贸、投资和人文合作的成果与前景，该国总理科比亚科夫亲自参与相关筹备工作，多次召集政府部长讨论参会事宜，希望在进口博览会上更好地向中国消费者推介本国优质产品。在他看来，白俄罗斯适合休闲旅游，农产品、木材加工产品、技术和电气设备等也有望成为双边贸易增长的新发动机。[①]

　　进口博览会同样点燃了周边国家的巨大热情，上合组织和东盟成员国悉数参加。作为主宾国之一，巴基斯坦此次参展重点推荐的是纺织业和皮革业两大优势产业，而水稻、海鲜产品等领域也被认为具有向中国市场出口的能力。巴基斯坦国家馆除了展示该国经济社会发展成就和投资环境之外，还重点展示了中巴经济走廊和瓜达尔港的整体情况。（参见图3.4。）该国商务部常务秘书尤纳斯·达噶表示，"我相信此次进口博览会，将为巴基斯坦产品、产业进入中国市场提供一个极好的机会。巴基斯坦将会抓住这一机会，中巴经济走廊的推进带来了产业的发展，巴基斯坦出口商也将

---

　　① 于景浩等：《与世界共享发展机遇——国际社会热切期待首届中国国际进口博览会》，《人民日报》2018年7月29日；中国国际进口博览局：《波兰投资贸易局局长：波兰已有上百家企业前来咨询参展》，2018年3月8日，https://www.ciie.org/zbh/spxw/20180321/1813.html。
　　② 魏忠杰、李佳：《白俄罗斯期望借中国国际进口博览会扩大双边经贸合作》，2018年7月30日，http://silkroad.news.cn/2018/0730/104548.shtml。

迎来好的机遇，对此我们满怀期待"。①作为东南亚大国，印度尼西亚也是首届进口博览会的主宾国之一，而中国已成为它最大的出口目的国。近年来，印度尼西亚在对华出口方面落后于马来西亚、泰国、越南、新加坡等国家。尽管该国的棕榈油、燕窝、麝香猫咖啡、木材和海产品等享誉全球，但在中国市场缺乏宣传和推介，知名度有待提高。因此，印度尼西亚贸易部布迪曼和工业部托尼表示，"进口博览会以进口为主题，必将赋予印度尼西亚更多出口机会，印度尼西亚将抓住这一难得机遇，加大力度扩大对华出口"。②印尼国家馆以"可持续资源的全球伙伴"为主题，分为主

图3.4　首届中国国际进口博览会国家展巴基斯坦馆　邹　磊／摄

---

　　①　央视新闻：《上合国家期待中国国际进口博览会》，2018年6月10日，https://www.ciie.org/zbh/xwbd/20180609/4381.html。
　　②　李汉清、丁奇：《中国国际进口博览会引印度尼西亚总统关注》，《国际商报》2018年2月7日。

舞台和咖啡区、燕窝产品区、棕榈油及其衍生品区。

许多新兴市场国家和发展中国家希望在扩大对华出口规模的同时，还能实现出口结构多元化，这在非洲国家身上体现得尤其明显。例如，主宾国之一的南非当前与中国的贸易主要集中在大宗商品上，此次参展的主要目标就是扩大对华出口产品的高附加值和整体规模。南非驻华大使馆公使衔经济参赞曼纽表示，"我们希望展示南非最好的一面，南非的产品、特殊经济区以及南非的创新，南非还将展示南半球最大的望远镜——平方公里阵列天文望远镜"。[1]同处非洲的加蓬对华出口传统上以石油、木材产品为主，现已是中国的第七大木材进口来源国、在非洲地区的第四大原油供应国，而中国也已成为加蓬的第一大贸易伙伴和第一大出口目的国。加蓬投资促进署署长阿布娜表示，积极参展"目的是改善双边贸易的产品结构"，加蓬仍有很多产品具有很大的出口潜力，比如棕榈油、咖啡、可可和酒椰，希望通过进口博览会推动加蓬的旅游业发展。[2]近年来，埃及的鲜橙和葡萄等农产品对华出口不断扩大，2017年对华鲜橙出口额接近1亿美元，已成为中国第三大鲜橙进口来源国。埃及贸工部部长塔里克·卡比勒指出，"埃及关注的是如何平衡埃中之间的贸易平衡问题"，"埃及有一些具有竞争优势的产品可以出口到中国，包括建材、化工和一些埃及棉花生产的纺织材料"，"我们会努力确保将最好的具有竞争优势的埃及产品展示在博览会上"。[3]正是在此意义上，非洲开发银行行长阿德西纳表示，中非贸易无论是结构还是规模上，都还有很大的优化提升空间，"期待此次进口博览会能激励非洲参展企业了解

---

① 王琳：《南非视进口博览会为良机　寻求扩大对华出口之路》，2018年9月9日，https://www.yicai.com/news/100023731.html。

② 中国国际进口博览局：《酒椰、可可和旅游将成为加蓬向中国出口的新名片》，2018年3月8日，https://www.ciie.org/zbh/spxw/20180316/1657.html。

③ 中国国际进口博览局：《埃及工贸部长：我们将把最好的商品展示在进口博览会上》，2018年1月11日，https://www.ciie.org/zbh/spxw/20180111/604.html。

图3.5　首届中国国际进口博览会国家展南非馆　邹　磊/摄

图3.6　首届中国国际进口博览会国家展埃及馆　邹　磊/摄

中国消费者的需求，学习中国工业化和产业升级的经验，带动更多有更高附加值的商品出口到中国市场"。[①]（参见图3.5、图3.6。）

在大洋洲，许多国家也对参加进口博览会抱有很大期待。自2013年中国取代澳大利亚成为新西兰最大的出口市场以来，新西兰对华出口不断增加，越来越多的新西兰企业涌入中国市场，并成为很多细分市场的领导者。除了农业和食品之外，新西兰在高科技、医疗、电影、教育和文化创意等领域也有着独特的优势。在新中关系促进委员会执行官斯蒂芬·雅可比看来，"进口博览会以进口为重点，而非通常的出口或贸易，因此是一个非比寻常的会展。进口博览会将为新西兰提供一个展示优质商品、服务以及未来发展理念的平台"。[②]作为中国在该地区的重要贸易伙伴，澳大利亚此次参展也同样希望扩大在教育、医疗等服务业领域的对华出口。一些小岛国家也组团参展，将进口博览会视作展示国家形象和优势产业的重要契机。例如，2018年6月23日，巴布亚新几内亚总理奥尼尔专程来沪访问中国国际进口博览局，并参观考察了进口博览会场馆设施。他表示，"参加进口博览会对巴新来说是一个重要的机遇。首届中国国际进口博览会结束后不久巴新将主办APEC会议，借此契机，巴新将在进口博览会上充分展示国家形象"。[③]斐济自2015年起对中国游客免签，此次参展则重点展示其独特的文化与纯净的自然环境，并带来了斐济的化妆品、啤酒以及冷冻海产品。库克群岛驻奥克兰总领事馆罗斯琳·布莱克表示，"进口博览会是中国采取的又一宏大举措，对于旅游业而言也是一次绝佳机会，库克群岛是最佳的旅游目的地之一，将在进口

---

① 王希等：《真诚之邀 务实之策——非洲工商界热盼首届中国国际进口博览会》，2018年9月4日，http://www.xinhuanet.com/world/2018-09/04/c_1123379847.htm。

② 中国国际进口博览局：《新西兰等南太岛国各方热议进口博览会》，2018年6月23日，https://www.ciie.org/zbh/xwbd/20180622/4559.html。

③ 中国国际进口博览局：《巴布亚新几内亚总理奥尼尔到访进口博览局》，2018年6月25日，https://www.ciie.org/zbh/xwbd/20180625/4597.html。

博览会上向全世界展示当地特色文化"。[1]

拉美各国参加进口博览会的热情也很高涨。据统计，从2000年至2017年，拉美地区对华出口额占该地区出口总额的比重从1%跃升至10%，中国已成为该地区的第三大出口市场。2017年，中拉贸易额接近2 600亿美元，除了原油、大豆等大宗商品之外，拉美的肉类、海产品及新鲜水果对华出口逐年增长。[2]巴西、智利、哥斯达黎加等国都同时参加国家展和企业展，其主要目的就是借助进口博览会的平台推动更多本国企业和产品登陆中国，持续扩大在中国市场的份额。正如哥斯达黎加原外贸部部长莫拉所说，"这是非常重要的平台，将使企业和各国能够对市场进行不可或缺的评估、调查和展示，与潜在买家及各类支持网络建立更好更直接的联系，这正是希望进入中国的哥斯达黎加企业所需要的"。[3]

此外，为了让最不发达国家也能有机会分享中国发展红利，国家展在为各参展国免费提供场地的基础上，也为最不发达国家就搭建费、展品运输费、代表团成员参展参会费等相关费用提供了必要的帮助和支持。

二、企业商业展

首届进口博览会的企业商业展（简称"企业展"）共吸引了来自151个国家和地区的3 617家境外企业参展，境内外采购商超过40万名，展区面积达到27万平方米。参展商来源覆盖G20全体成员，也包括许多发展中国家和最不发达国家；既有200多家世界500强和行业龙头企业，也有大量中小企业。

---

[1] 中国国际进口博览局：《新西兰等南太岛国各方热议进口博览会》。
[2] 刘敏：《综述：拉美国家期待中国国际进口博览会成为中拉贸易纽带》，2018年5月1日，https://www.ciie.org/zbh/xwbd/20180507/3463.html。
[3] 中国驻哥斯达黎加使馆经商处：《哥斯达黎加外贸部长：进口博览会将为哥提供更高层次的发展平台》，2018年3月22日，https://www.ciie.org/zbh/spxw/20180410/2871.html。

企业展按行业划分展区，实行专业布展，分为货物贸易和服务贸易两大板块，其中货物贸易板块分为汽车、智能及高端装备、消费电子及家电、服装服饰及日用消费品、医疗器械及医药保健、食品及农产品等六大展区。全馆整体特装展位面积占比91%，其中汽车展区、消费电子及家电展区、智能及高端装备展区的特装比例超过95%，远高于国际同类展会水平。全球或中国首发新产品、新技术或服务570多件，全面呈现了国际上最尖端、最前沿、最具代表性的产品和服务趋势，众多发展中国家和最不发达国家企业也携本国优质特色产品积极参展，社会观众也展现了巨大热情。（参见图3.7。）

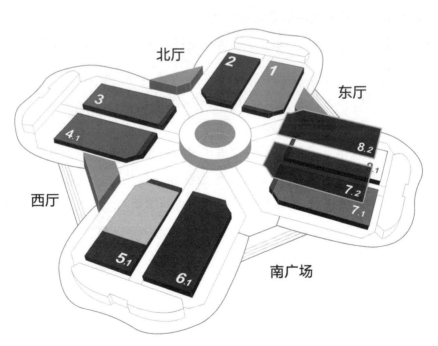

图3.7　首届中国国际进口博览会企业商业展展区分布
资料来源：中国国际进口博览会官方网站

（一）服务贸易展区

服务贸易展区位于1号馆，面积3万平方米，共汇集来自90个国家和地区的450多家服务贸易参展商。这是首届进口博览会企业展的展区中最特殊的一个，展品都是"看不见的服务"，覆盖新兴技术、服务外包、文化教育、创意设计、旅游服务、物流服务和综合服务等许多业务板块。新加坡工商联合总会（Singapore Business Federation）拿下了1 050平方米的最大单一展位。总会主席张松声表示，"新加坡企业不仅希望在进博会上寻找到进入中国市场的机会，也希望与中国伙伴一起开拓第三方市场"。[①]（参见图3.8。）

图3.8　服务贸易展区新加坡工商联合总会展台　邹　磊/摄

---

① 刘梦等：《看不见的展品，看得见的未来——进口博览会服务贸易展见闻》，《光明日报》2018年11月10日。

在物流服务领域，首届进口博览会囊括海运、陆运、空运、多式联运以及相关货运代理、仓储、配送、信息处理等细分行业的重要企业，包括新加坡港、迪拜世界港口公司、比利时泽布吕赫港、巴拿马港、Terminal Link、阿联酋伊蒂哈德航空、美国联合航空、俄铁集、DHL、德铁信可（Schenker）、德迅、联邦快递（FedEx）、联合包裹（UPS）、冯氏控股（Fung Group）、普洛斯（GLP）等。（参见图3.9。）德铁信可上海区总经理沃尔夫·肖尔茨表示，"中国进口"是公司十分看重的业务，"我们希望，通过进口博览会，能找到更多展商客商，为他们提供定制化物流服务"。[1]美国普洛斯是现代物流设施和解决方案的提供商，此次参展通过业务场景的实例，全方位展示了普洛斯融合物流设施网络、供应链金融、资本运营、数据科技的综合解决方案。公司中国区联席总裁赵明琪指出，"我们非常关注进口贸易企业，关注他们在食品冷链、物流自动化的设施设备等领域的需求，希望可以通过普洛斯的物流生态体系，帮助这些企业实现业务的增长"。[2]

在金融服务领域，汇丰银行主打环球网络、全能银行、金融创新三大特色服务。渣打银行则重点推出短期贸易融资、跨境金融对接、外汇风险管理、地区风险管理等4项服务产品，聚焦企业在进口贸易中的4个"痛点"。渣打银行（中国）有限公司行长张晓蕾表示，"选择参加中国国际进口博览会可以让我们找到更好、更多机会去支持跨境贸易，支持中国经济转型和消费升级，支持全球范围内的双边和多边贸易，促进货物、服务、人员、资金和信息在全球的流动"。[3]此外，新加坡星展银行、南非标准银行、黎巴嫩银行、埃及银行、科威特银行、

① 徐晶卉：《"看不见的服务"让企业心动》，《文汇报》2018年8月31日。
② 中国国际进口博览局：《普洛斯为进口贸易企业打造全球化的智慧物流生态体系》，2018年8月20日，https://www.ciie.org/zbh/zszp/20180815/5575.html。
③ 有之炘：《当进口博览会遇上金融中心，将擦出怎样的火花？》，2018年9月5日，http://www.xinhuanet.com/fortune/2018-09/05/c_1123383877.htm。

图3.9　普洛斯展台　邹　磊/摄

肯尼亚银行、东亚银行、日本三井住友金融集团、三菱UFJ银行等10多家金融机构也都在首届进口博览会上亮相。

在检验检测服务领域，世界十大品牌中有7家前来参展，包括瑞士SGS、德国莱茵TÜV、法国必维、挪威DNV、美国ABS船级社、美国UL、英国劳氏等知名企业。莱茵TÜV此次以德国总部身份参展亮相，重点展示在新能源（电力、光伏、风能）、工业4.0（人工智能、机器人、智能制造、信息安全）、轨道交通（高铁、城铁、磁悬浮等）、汽车（无人驾驶、共享服务、功能安全、充电桩）、消费电子（无人商店、用眼安全）、企业可持续发展（环境、职业健康及安全管理体系、绿色环保类产品服务）等板块的前沿服务。据该品牌大中华区执行董事陆勋海表示，最大的亮点是工业4.0板块，"在目前国际上还没有可资借鉴的规范、标准的情况下，德国莱茵TÜV基于国际和中国行业现

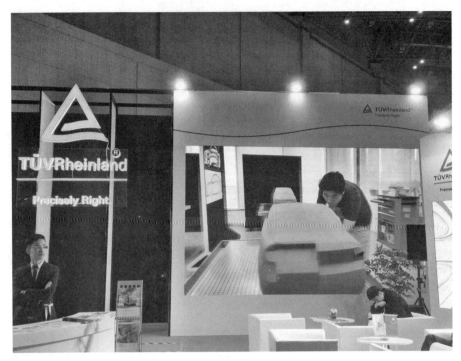

图3.10　德国莱茵TÜV展台　邹　磊/摄

状及可预见的未来，研发制订相关标准，为中国企业通往工业4.0提供标杆及前景，此标准在全球范围都是开创性的"。[①]（参见图3.10。）

在综合服务领域，聚集了德勤、安永等国际知名咨询机构，伊藤忠、冯氏集团等国际供应链管理领先企业，以索迪斯为代表的高端餐饮服务商及WEWORK为代表的独立办公空间新势力。德勤的参展面积只有50多平方米，却展示了数十款人工智能、云计算、大数据分析等领域前沿的解决方案。德勤中国创新主管合伙人刘明华表示，这些产品能通过自然语言与用户互动了解接收的数据含义，并以用户的名义采取行动，

[①]　吴卫群：《德国莱茵TÜV：进口博览会带来新使命》，2018年9月30日，https://www.ciie.org/zbh/zsdh/20180928/7029.html。

进行数据分析，协助企业从大数据中发掘"宝藏"，作出准确预测。^①安永早早报名了2019年第二届进口博览会，在72平方米的展区内，展示了许多创新型服务，观众还能看到安永帮助传统企业进行数字化转型的全流程案例。其大中华区重点客户主管合伙人唐荣基表示，"安永希望借助这次参与进口博览会的机会多与同为参展商的外国中小企业接触，告诉它们如果要进入中国市场需要关心什么，比如法律法规、税务、风险管理、人事等，从而也让这些外国中小企业多了解安永在中国的服务，以期它们未来正式进入中国市场时有机会成为我们的客户"。^②

此外，意大利国际米兰俱乐部也在服务贸易展区惊艳登场，成为首届进口博览会的重要亮点。（参见图3.11。）

图3.11　国际米兰俱乐部展台　邹　磊/摄

①　徐晶卉：《"高精尖"集中亮相进口博览会》，《文汇报》2018年9月16日。
②　张煜、王力：《"晚了就没了"，这家嗅觉最敏锐的外企，第一个"抢占"了2019年进博会展位》，2018年8月27日，https://www.jfdaily.com/news/detail?id=102119。

（二）汽车展区

汽车展区位于2号馆，面积近3万平方米，共吸引了来自17个国家和地区的68家汽车企业参展。在整车公司方面，通用汽车、奔驰、大众、福特、宝马、丰田、日产、菲亚特克莱斯勒、特斯拉、捷豹路虎、现代起亚、标致雪铁龙、沃尔沃等20多家全球主要汽车品牌都前来参展。其中，德国大众集团携旗下大众、奥迪、保时捷、宾利、兰博基尼五大品牌参展，展览总面积达到3 000平方米，几乎占了整个汽车展区的1/10。在零部件企业方面，佛吉亚、爱信精机、捷太格特、博世、采埃孚、电装、倍耐力、AVL李斯特、耐世特等40多家世界500强和龙头企业也都悉数登场。展品涵盖品牌汽车、摩托车、汽车零部件、汽车开发测试系统等多个类别，集中展示代表未来汽车发展的最新技术和整车展品，尤其是新能源汽车、氢燃料电池技术、自动驾驶技术、汽车动力系统等。（参见图3.12、图3.13。）

图3.12　宝马汽车展台　徐　汇/摄

图3.13　保时捷展台　宋薇萍/摄

新能源汽车是首届进口博览会汽车展区的重要亮点。自2015年以来，中国的新能源汽车连续三年销量全球第一。截至2017年底，全球新能源汽车累计销售突破340万辆，而中国的累计销量就达到180万辆，占全球的比重超过50%。2017年，特斯拉在中国市场共销售汽车1.477 9万辆，同比增长超过40%，中国市场贡献了其当年收入的17.4%，成为该公司的全球第二大消费市场。此次参展，特斯拉带来了主打的Model S、Model X两款车型，以及价格更亲民的Model 3。[1]奥迪首款量产纯电动SUV "e-tron" 迎来中国首秀，这款车虽然采用电动平台打造，但续航里程超过了400公里。通用汽车带来了旗下的雪佛兰Bolt纯电动车，续航里程高达383公里，且价格相对亲民。英国汽车制造商捷豹路虎展示了首款豪华纯电轿跑SUV I-PACE，可实现高达500公里的续航里程，能在40分钟内完成从0至80%的充电操作，0至100公里/小时加速时间约为4.8秒，风阻系数仅为0.29。为了体现捷豹的 "豹力美学"，I-PACE将电池组平铺放置在车辆前后轴的中间位

---

① 胥会云：《负面清单不断缩减，进口博览会让全球分享中国发展红利》，2018年7月22日，https://www.yicai.com/news/100001128.html。

置，实现了50∶50的平衡前后配重比，能带来极佳的驾控体验。依维柯展示的Daily Blue Power压缩天然气车型此前还从未进入过中国市场，公司中国区总经理托马索·克劳斯表示，"希望通过在进口博览会上的充分展示，可以赢得一个进入中国市场的良好机会"。[①]氢燃料电池汽车被认为是终极环保汽车，在该领域领跑的日韩车企集中展示了自家的成果。例如，本田带来的Clarity Fuel Cell氢燃料电池车在3分钟即可完成燃料填充，拥有目前全球零排放车型中最长的750公里续航里程。此外，现代汽车也展示了最新一代的氢燃料电池车NEXO。

智能化、自动化技术是汽车展区的另一大看点。通过虚拟和互动体验，通用汽车呈现了包括Cruise AV自动驾驶技术和V2X车联网通讯技术在内的多项创新技术。Cruise AV自动驾驶汽车是全球首辆无需驾驶员、方向盘和踏板就能实现安全驾驶的可量产汽车，已在美国旧金山等地的公共道路环境进行测试；V2X车联网通讯技术是通用汽车用于缓解交通拥堵问题的解决方案，通过实现车辆与车辆之间以及车辆与基础设施之间的通讯，可有效优化车流、减少拥堵。总部位于德国的汽车零部件供应商伟巴斯特带来了首次在中国市场亮相的手势控制天窗和声控天窗，后者甚至还能识别中国各地的方言。同样来自德国的采埃孚公司展示了面向自动驾驶汽车的人工智能计算系统ProAI，这台形如笔记本电脑的超级计算机可实时处理外部传感器收集的数据，通过深度学习技术使车辆了解周边环境，在复杂的路面情况下规划一条安全行驶的道路。来自法国的佛吉亚带来的一款智能座椅系统可通过嵌入式传感器与光学仪器监测驾驶员生理与行为状态，并适时地给予提醒。（参见图3.14。）意大利轮胎业巨头倍耐力则带来了其最新的

---

① 张煜、吴卫群：《与各种大型商展不同，首届中国国际进口博览会为什么要开启展前对接会的先河？》，2018年9月1日，https://www.jfdaily.com/news/detail?id=103107。

数字汽车轮胎技术，希望能向数百万参观者呈现"意大利制造"以科技和创新为基础的企业文化。[1]此外，斯洛伐克的AeroMobil公司还带来了"会飞"的汽车，是首届进口博览会上人气最高的展品之一。它兼具汽车和飞机的双重功能，只需很短的跑道就能起飞，把机翼收起来就能在任何加油站中途加油，能够在短时间内从汽车模式切换至飞行模式。（参见图3.15。）

图3.14　佛吉亚智能汽车座椅　李　隽/摄

图3.15　AeroMobil公司"会飞"的汽车　宋薇萍/摄

---

① 宋承杰：《意大利工商企业界整装待发亮相中国国际进口博览会》，2018年9月27日，http://news.cri.cn/20180927/3608555f-888c-5c7a-c1aa-308c68d871dc.html。

（三）智能及高端装备展区

智能及高端装备展区位于3号馆、4.1号馆，面积近6万平方米，展品范围覆盖人工智能、工业自动化和机器人、数字化工厂、物联网、材料加工及成型设备、工业零部件、信息通信技术装备、节能环保装备、新能源电力电工装备、航天航空装备、动力传动与控制技术装备、3D打印等领域。展区吸引了来自40个国家和地区的400余家参展企业，既有诺基亚、卡特彼勒、杜邦、霍尼韦尔、通用电气、江森自控、戴尔、微软、三菱电机、西门子、NEC、蒂森克虏伯、三菱重工、陶氏、ABB、施耐德电气、日立、思爱普等一批世界500强企业，也有艾默生、斗山、那智不二越、尼古拉斯克雷亚、伊斯卡、大隈、赫克、玛帕、号恩、GF、埃马克、百超、牧野、卡尔蔡司、通快、凯傲集团、林德液压、法拉第集团、博杜安、德马泰克、PSI、永恒力、昕诺飞、斯达拉格、LVD、发那科、赛威传动等一大批行业龙头企业。

以机床行业为例，世界前十的企业中有8家集体亮相，其中10余台机床装备展品是在中国、亚洲乃至世界首发。友嘉集团（FFG）一举拿下2 000多平方米的展览面积，率旗下美、欧、新加坡的十几家公司一同来参展，展出来自全球各地的、专注于智能生产的机床和制造系统组合。（参见图3.16。）德国瓦德里西科堡公司（Waldrish Coburg）最新研发的"金牛座"龙门铣首次走出欧洲参展，该机床设备长20米、宽10米、高8米，占地面积达200平方米，总重近200吨，是首届进口博览会上"吨位"最大的展品，在汽车行业、航空航天领域都可适用。（参见图3.17。）当前，意大利、西班牙等国家最先进的机床精度大约在8微米，而这台机床精度可以控制在4微米，效率能达到传统机床的3倍。[①]展台德方工作

---

① 徐晶卉：《"吨位"最大的展品将亮相进口博览会》，《文汇报》2018年8月9日。

人员表示，以前他们只参加机械制造类的专业展会，参加进口博览会取得的效果"完全超出预期"，"大批来自中国不同地区、不同行业的客户都来咨询洽谈，我们才知道中国市场潜力这么大。下一步我们要继续调研走访客户，开发新市场"。[①]瑞士乔治费歇尔（GF）的加工解决方案在航空航天、通信、汽车、医疗、能源和电子行业有着广泛的应用场景，本次参展带来了多项技术最精密、最高端、最领先的新产品，其中型号为ML-5的激光细微加工机床加工出来的心脏支架能够透过激光控制人体血液。美国赫克（Hurco）展示了最先进的智能化控制系统WinMax，瑞士百超（Bystronic）则带来了全球唯一的1万瓦激光切割机，能适应工业激光领域更高效率的加工需求。瑞士斯达拉格（Starrag）是中国"三航两机"（即航空、航天和航海，发动机和燃气轮机）客户的核心供应商之一，可以提供尖端加工技术、工艺经验、自动化和数字化生产方案等一站式机床服务。集团中国区总经理刘新表示，"斯达拉格集团非常愿意在中国积极参与机床制造业的产业升级和优化，与中国企业深度合作，继续助力中国制造业的转型升级。进口博览会搭建的正是这样一个沟通中外的平台和桥梁，斯达拉格希望在这个平台上找到更多的合作伙伴"。[②]正是在此意义上，中国机床总公司董事长兼总经理梁枫认为，鉴于中国制造业在转型升级过程中，对全球先进制造装备的需求巨大，进口博览会将为全球顶尖技术装备和智能制造企业提供绝佳的展示平台。[③]

---

① 暨佩娟等：《"明年我们将带更多产品来参展"——参展商和国际人士盛赞首届中国国际进口博览会》，《人民日报》2018年11月11日。

② 第一财经：《瑞士斯达拉格集团中国区总经理刘新：高端技术助力中国制造业转型升级》，2018年5月26日，https://www.yicai.com/news/5426548.html。

③ 徐晶卉：《"高精尖"集中亮相进口博览会》，《文汇报》2018年9月16日。

图3.16 友嘉集团展台 邹 磊/摄

图3.17 "金牛座"龙门铣 邹 磊/摄

来自意大利的AW189直升机是首届进口博览会上的明星展品。该款直升机单体价值达到2亿元人民币，满载最大巡航速度每小时287公里，最大航程超1000公里，可灵活应用于海上通勤、搜救、执法等各种复杂环境下的作业类型，满足海上石油运输行业最严苛的标准。（参见图3.18。）

图3.18　AW189直升机　宋薇萍/摄

智能化无处不在。作为全球数控机床和工业机器人领域的龙头企业，日本发那科（FANUC）带来了最先进的结构机器人和重量超过2.3吨的世界最大机器人，展示了其在工业互联网和人工智能领域的最新探索。（参见图3.19。）德国通快（Trumpf）带来了2项前沿技术，分别是"万物互联"的智能工厂解决方案，以及一款用于工业生产的3D打印机。霍尼韦尔带来了一系列创新互联产品和解决方案，涉及互联飞机、互联货运、智能穿戴、智慧楼宇等，展现了人工智能技术与各行各业的深度结合。全球最大的可编程芯片厂商赛灵思（Xilinx）提供了未来智慧城市加速解决方案的技术路径。昕诺飞（Sinify，即原飞利浦照明）展示了其

图3.19　发那科展台　邹　磊/摄

面世不久的可见光无线通讯技术，通过该技术，无所不在的LED灯将变成Wi-Fi一样的通讯节点，不仅通讯速度快，而且信号对仪器设备无干扰。目前，这一技术在国外已开始在小范围应用，未来在医院、金融等对安全要求高、Wi-Fi不便覆盖的场所将有很好的应用前景。[①]施耐德电气的展台面积达到216平方米，以城市为应用场景，施耐德电气展示了基于物联网的创新架构平台，可应用于楼宇、工业、数据中心、基础设施等领域。西门子的展台分为可持续能源展区、数字化企业展区、智能基础设施展区和数字化医疗展区，各个展区都有很多亮点。展台负责人感慨地表示，"来的各地的政府团一波接一波，展台一度都站不下人了"。[②]

---

① 第一财经：《昕诺飞全球高级副总裁、大中华区总裁王昀：助力中国城市照明进入物联网时代》，2018年5月24日，https://www.yicai.com/news/5425962.html。

② 刘锟、徐蒙：《盛会在"恋恋不舍"中落幕，"进博会效应"已经落地生根》，2018年11月10日，https://www.jfdaily.com/news/detail?id=115929。

（四）消费电子及家电展区

消费电子及家电展区位于5.1号馆，共分成家用电器、配件外设和解决方案3个专区，展览面积近2万平方米。展品范围覆盖移动设备、智能家居、智能家电、虚拟现实与增强现实、电子游戏、健康运动产品、音频产品、视频与高清设备、生活科技、显示技术、在线与家庭娱乐、产品与系统解决方案等。参展企业来自全球15个国家和地区，既包括索尼、松下、高通、三星、3M、英特尔、富士康等世界500强企业，也汇集了A.O.史密斯、惠而浦、英飞凌、德龙、肖特、GE家电、理光、施坦威、海力士、能率株式会社、iRobot公司等一批行业龙头企业。

各家企业纷纷推出了各种智能化产品，人工智能等新技术得到广泛运用。例如，日本林内集团的参展产品主要包括采暖系统、生活热水系统以及智能厨房产品等，同时也为家居采暖、生活热水的使用提供系统、环保的解决方案。（参见图3.20。）在厨房产品方面，有日本原装进口的智能灶具代表——神厨烤箱灶。在使用过程中，人们可以在手机App上进行菜谱上传下载、自制菜单等操作，烹饪时也可以通过温度传感器自动调节火力大小，防止食物烧焦或者出现干烧的情况，保持食物口感和营养。林内的Hybrid混合能源系统在小量用水时优先由空气能热泵供热，在大量用水或供暖时启动燃气热水器进行辅助加热，一次能源效率高达125%。此外，还有可以远程操控的云智能采暖炉、燃气干衣机、温水式浴室暖房干燥机等。[①]日本能率株式会社展示了多款家电新品，如热水、浴缸、家庭全屋三合一燃气热水两用炉，超大容量50升冷凝式热水器，多功能烹饪一体嵌入式燃气灶等。A.O.史密斯带来了深

---

① 吴卫群：《迎接中国消费升级机遇，提供更多的高品质产品》，2018年8月1日，https://www.jfdaily.com/news/detail?id=98521。

受中国消费者青睐的热水器、空气净化器等系列产品。瑞士国宝级品牌
Laurastar则带来了全球首款智能衣物熨烫系统，可通过蓝牙与智能手机
连接，让用户获取安装、熨烫指导，熨烫过程中可以智能计算时间、控
制风扇速度。其产品均采用两次加热蒸汽技术，持续释放恒定细腻干蒸
汽，蒸汽扫过之处即刻服帖；智能化蒸汽自动控制湿度范围，加速衣物
冷却定型，一熨成型，即熨即穿。[1]德国米技公司是中国大陆首家引进
耐磨面板灶具的品牌，此次带来了德国家喻户晓的Lafer品牌系列产品、
Miradur系列防刮伤面板炉具、可连接Wi-Fi的智能炉具以及一款智能烹饪
机。此外，致力于研发清洁机器人的美国iRobot公司和专门生产智能饮水
机的瑞士Diamond Water Hightech AG公司也都带来了各自的拳头产品。

图3.20　林内展台　邹　磊/摄

① 王春：《中国国际进口博览会：高精尖科技"竞技场"》，《科技日报》2018年7月30日。

在这个展区，高通、英特尔、英飞凌、海力士等全球顶尖芯片企业也得到了集中展示。例如，美国高通公司展示了其在5G、人工智能、移动连接体验、物联网等领域的前沿创新技术、产品组合和解决方案。德国英飞凌（Infineon）是全球领先的半导体公司之一，其半导体元器件主要涉足汽车电子、功率半导体、安全芯片等三大板块，本次参展主要展示这三大板块的"智能+"应用场景。在智能汽车方面，英飞凌的"安全单片机"不仅可以迅速捕获和处理来自车辆周边复杂的关键数据，还能更有效地保护敏感数据；在智能家居方面，重点展示智能锁、智能电器、智能电灯等各种智能产品；在智慧城市的场景体验方面，则包括空气检测、零售店里的导购、停车位的寻找等。英飞凌大中华区总裁苏华表示，"希望借助进口博览会这一大平台，能与广大合作伙伴一起分享半导体元器件领域最新的成果，并一同展望万物互联时代的行业新机遇"。[1]

（五）服装服饰及日用消费品展区

服装服饰及日用消费品展区位于5.1号馆、6.1号馆，面积4万平方米。展品覆盖服装、纺织品、丝绸产品、餐厨用品、家居用品、礼品、家居装饰品、节日用品、珠宝首饰、家具、婴儿用品、玩具、文化用品、美容美发护理产品、运动及休闲产品、箱包、鞋、钟表、陶瓷和玻璃制品等领域。除联合利华、欧莱雅等在华耕耘已久的世界500强和行业龙头企业以集团参展方式携新品整体亮相外，韩国、俄罗斯、西班牙、巴西、波兰等许多国家也组织了众多中小企业前来参展。

联合利华是世界最大的快速消费品公司之一，此次参展一举拿下600平方米展位，用于展示其在美容、家庭护理等领域丰富的产品，其中许多是过去未曾在中国市场出现的品牌。正如该公司北亚区副总裁

---

[1]　郁中华、高睿：《海外参展"大咖"好评不断》，《劳动报》2018年9月6日。

曾锡文所说：

> 我们从1923年就进入中国了，目前有二三十个品牌在中国已经成为畅销品。但从联合利华整体来看，在全球我们有400个品牌，我们应该给中国消费者更多的选择。通过这次国际进口博览会，我们希望能够把这些好产品带过来，让中国消费者能够知道、看到、选择更多的新产品，做到不出国门买遍全球。①

欧莱雅集团是首届进口博览会参展规模最大的日化企业，展台面积也达到600平方米，此次参展同样希望能够在华推出更多广受欢迎的国际品牌。欧莱雅中国首席执行官斯铂涵表示：

> 欧莱雅集团在全球范围内有上百个知名品牌。在中国，我们已经上市22个品牌，并不断推出创新产品。以2017年为例，欧莱雅在中国市场推出了超过365个新产品。我们计划借助首届进口博览会的契机推出更多的广受消费者欢迎的国际品牌，并期待在中国市场完成新品牌、新产品的全球首发、亚洲首发等。②

法国面膜品牌Filorga带来了各式各样的面膜，参展最重要的目标是更好地了解中国消费者。正如其中国区电商总监张勇所说：

> Filorga的定位是抗老医美品类，也希望成为中国有知名度的抗老医美品牌。但我们积累的中国用户画像很少，需要通过进博会这样的落地活动接触消费者，也需要与天猫国际这样的大平台合作，全面雕琢出Filorga中国用户的画像，让我们更好地了解消费者需求。这样，我们位于法国的实验室才能为中国消费者定义出更多更好的创新技术和产品。③

---

① 第一财经：《联合利华北亚区副总裁曾锡文：让中国消费者不出国门，买遍全球》，2018年6月14日，https://www.yicai.com/news/5431760.html。

② 吴卫群：《拥抱消费升级，拥抱"美的新黄金时代"》，2018年7月19日，https://www.shobserver.com/news/detail?id=96887。

③ 任翀：《"我们很期待中国国际进口博览会"》，《解放日报》2018年8月7日。

　　美国HHG集团（Heritage Home Group）是位于美国北卡罗来纳州的高端家居集团，对此次参会抱以很高期望。在其亚洲区总裁王招泽看来：

　　　　此次进口博览会，对于HHG深耕中国市场具有重要的意义。这是我们旗下的著名家具品牌Thomasville第一次作为进口品牌在大型展会上亮相……我们希望借助进口博览会之力，设计、参与并见证中国人生活方式的再次升级。①

　　位于韩国仁川市的B&D生活健康公司，是一家生产洗衣洗涤用品以及日化用品的企业，推出过许多在韩国消费者眼中"家喻户晓"的明星产品，是为数不多进入韩国日化市场前列的中小企业。此次参展，特地准备了中文的产品介绍手册，除了已经在全球市场拥有一定知名度的"洗涤革命"、针对幼儿开发的专用洗涤产品"SHOOMON"等明星产品之外，还带来了许多对身体不造成任何危害的纯天然日化产品。①日本高岛屋则带来了一批享有"日本品质"称号的高品质品牌商品，其中包括两件极具特色的展品：一件是"三阳风衣"，该风衣的编织、染色工艺、缝制、策划销售等整个生产销售过程，在日本国内被授予商品统一认证品牌的称号；另一件是京都传统织染工艺礼服，该展品结合了日本和服的特点和传统的制作工艺，是适合年轻人的现代风套装礼服。③（参见图3.21。）

　　一些特色产品也在该展区吸引了众多目光。来自英国的奢侈品品牌纪娜梵展示了一款价值3 000万元人民币、全部由钻石精镶成的珠宝鞋（参见图3.22），集团创始人许惠卿表示，"我们非常看重中国国际

　　① 第一财经：《HHG集团亚洲区总裁王招泽：为中国家庭打造个性化家居生活》，2018年6月4日，https://www.yicai.com/news/5428799.html。
　　② 第一财经：《韩国B&D生活健康：进口博览会将成为获得中国消费者信任的"法宝"》，2018年8月15日，https://www.yicai.com/news/100011332.html。
　　③ 邱海峰：《在中国"买全球"》，《人民日报》（海外版）2018年7月31日。

图3.21　日本高岛屋京都传统染织展　胡霁荣/摄

图3.22　纪娜梵珠宝鞋　宋薇萍/摄

进口博览会这一平台，所以选择在这次进口博览会上做纪娜梵全球品牌首发，同时也将在这一平台上做全球产品首发……对于时尚界来说，进口博览会的意义也不一般，我们希望把东方的审美带入全球时尚界，在全球能够看到中式审美"。[①]为此，该公司已签约2019年第二届进口博览会的展位，面积预估将是本次展位的5倍。

此外，有的国内采购商也希望以参加进口博览会为契机实现外贸结构转型。例如，东方国际集团原来主要采购境外的大宗商品，而在首届进口博览会上则重点采购优质的食品和日用消费品。集团中国国际进口博览会推进办主任王兴德表示，"过去集团的进出口比例是30：70，借助博览会平台，未来将逐步调整到50：50"。[②]

（六）医疗器械及医药保健展区

医疗器械及医药保健展区位于7.1号馆，面积3万平方米。展区细分为药品、医疗器械、保健品、医疗美容等区域，吸引了来自全球51个国家和地区的320家企业参展，包括英国阿斯利康、瑞士罗氏、法国赛诺菲、德国拜耳、荷兰飞利浦、美国强生、日本欧姆龙、澳大利亚Swisse Wellenss、瑞典医科达在内的一批世界500强和行业龙头企业，有70%的展品是尚未在国内上市的新产品。

许多企业借这个场合推出了各式各样的"世界之最"产品，一些细分领域的翘楚也贡献了不少填补行业盲点和空白的"世界首款"。例如，欧姆龙带来了一款只有25毫米厚的世界最薄手表式血压仪，这是血压监测领域的突破性产品，目前已拿到美国FDA认证，是可穿戴设备领域全球首个获得认证的血压仪。美敦力则展示了世界最小的心脏

---

① 郁中华、高睿：《海外参展"大咖"好评不断》，《劳动报》2018年9月6日。
② 张钰芸、谈璎：《展商客商提前"亲密接触"》，《新民晚报》2018年7月27日。

起搏器，大小相当于1元硬币，重量仅2克，比传统起搏器小90%，且摆脱了原有的导线设计。过去，心房颤动、心律失常等患者想安装心脏起搏器，需要通过手术将插有导线的带电"盒子"放入体内，而这款无导线的心脏起搏器则可以通过股动脉经导管植入右心室心尖，避免了手术风险以及较大创面可能引发的并发症，使病人痛苦更少、康复更快。（参见图3.23。）过去医院检验科每天会收到数以千计的血液样本，罗氏诊断展示的"cobas e 801全自动化学发光免疫分析仪"不仅可以一管血检测超过90种项目，而且每台机器每小时能处理300个样本，4台机器联动处理量可达1 200个样本，速度堪称全球最快。美时医疗公司带来了世界上首台为婴儿量身定制的核磁共振设备。过去，医院惯常使用成人核磁共振设备给婴孩做检查，不仅成像精度不高，而且由于仪器"能量"大，对婴儿特别是早产儿有很大影响。这个填

图3.23 美敦力展台 邹 磊/摄

补市场空白的产品体型轻巧，成像精度可以达到3毫米，"能量"不高，更方便在新生儿重症监护室里使用。[1]

　　许多企业将参加进口博览会视作引领中国医疗健康市场潮流的重要契机。例如，来自日本溦美医疗的氢气机能直接将水裂解为氢气和氧气，可用于治疗因环境问题引起的呼吸类急性炎症、鼻炎等，该公司也希望产品能借助进口博览会的平台被消费者认知，像空气净化器一样真正走入千家万户。来自瑞典的医科达公司展出了一系列最新产品，包括全球首台高场强磁共振放疗设备Elekta Unity、最新一代带有图像引导的自适应精确立体定向放射外科治疗系统Icon和一款高精动态放射外科加速器系统Axesse。其中，Elekta Unity是人类第一次在肿瘤放射治疗时能够高分辨率地清晰显示和追踪肿瘤，并对治疗效果进行及时评价，调整个性化的治疗方案，从而为精准放疗建立了最新标准。医科达中国区副总裁兼市场总监刘建斌表示，之所以选择将这一最新的研究成果带到进口博览会上，是因为中国已成为全球最大的肿瘤治疗市场，每年中国的新发肿瘤病例超过420万，而高端放疗设备却有着很大的缺口。[2]（参见图3.24。）

　　一些为国内所熟知的企业也正在向医疗健康业务转型。例如，来自荷兰的飞利浦是医疗器械及医药保健展区里展区面积最大的企业。在600多平方米的展区里，飞利浦重点展示了在健康科技领域的一系列世界领先的产品，如帮助医院更精准检测疾病的智能化影像信息系统、连接家庭与医院的健康解决方案等。其中，最新产品能谱CT不仅可以进行影像诊断，还可以对物质进行辨别，在保证高清晰度的同时能够

---

[1]　徐晶卉、王嘉旖：《医疗领域"世界之最"将齐聚进口博览会》，《文汇报》2018年8月24日。

[2]　陈娟：《瑞典医科达将在进口博览会展示最新肿瘤诊疗设备》，2018年3月19日，https://www.yicai.com/news/5407599.html。

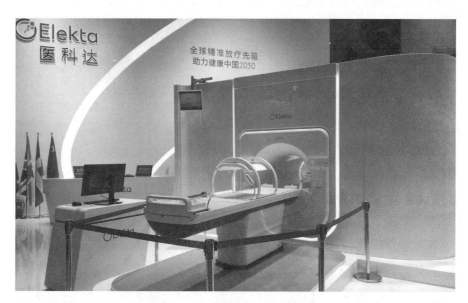

图3.24 医科达展台 邹 磊/摄

图3.25 富士胶片展台 邹 磊/摄

降低扫描剂量。富士胶片在300平方米的展区里带来了多款影像诊断领域的新品，如用于女性乳腺癌早期诊断的产品、可通过颜色来区分病灶的蓝激光内窥镜、可实现立体图像的3D医疗网络等。富士胶片（中国）投资有限公司副总裁姚佳锋表示，"这是富士胶片把全线产品第一次带到中国，我们非常期待借助进口博览会的平台，全面展示成功转型后的企业形象"。[①]（参见图3.25。）

（七）食品及农产品展区

食品及农产品展区位于7.2号馆、8.2号馆，是首届进口博览会报名最火爆的展区，也是广大发展中国家企业参与最积极的展区，毛面积达6万平方米。来自100多个国家的近2 000家企业在此展示，展品涵盖乳制品、肉制品、水产品、蔬果、茶和咖啡、饮料及酒类、甜食及休闲食品、调味品、罐头及方便食品等，其中既有有机健康的土特产，也有融合现代科技的加工品。

展区细分为五大专区。在乳制品专区，雀巢、达能、菲仕兰、恒天然、纽仕兰等企业带来了多元化、创新性的乳制品；在蔬果农产品专区，来自泰国、越南、菲律宾、智利、澳大利亚、加拿大、南非等国的参展商带来了各类新鲜果蔬和制品，其中包括都乐集团、新西兰佳沛公司、路易达孚、邦吉、嘉吉、丰益国际等一批行业龙头企业；在肉制品和水产品专区，巴西JBS公司、美国肉类出口协会、西班牙肉类协会、澳大利亚肉类协会等展示了多品种健康肉类；在休闲食品甜食调味品专区，亿滋、百事、麦德龙、吉利莲等参展商带来了各类营养和口味并重的优质产品；在酒类和饮料专区，保乐力加、喜

---

① 徐晶卉、王嘉旖:《医疗领域"世界之最"将齐聚进口博览会》,《文汇报》2018年8月24日。

图3.26　北纬五十度展台　邹　磊/摄

力等公司为中国消费者带来了数十种知名烈酒、顶级特制啤酒、精工酿造红酒和保健功能饮料。短短六天里，这里俨然是一个"世界厨房"。（参见图3.26。）

　　许多企业将参加进口博览会作为进入中国市场的入口。例如，乌克兰如胜国际糖果集团是欧洲最大的糖果集团之一，本次参展面积54平方米，主要目的就是希望将欧洲高品质的糖果巧克力介绍给中国消费者。新西兰恒天然集团、大洋洲乳业都带来了各自的乳制品，"希望通过参加进口博览会，让中国消费者和企业更充分了解新西兰品牌"。[①]（参见图3.27。）雅士利国际集团的展位面积达207平方米，此次

---

　　① 徐晶卉、汪荔诚：《进口博览局举办展前供需对接会，参展商、采购商等不及先"相亲"》，《文汇报》2018年6月14日。

图 3.27　大洋洲乳业展台　邹　磊／摄

参展带来了旗下雅士利、瑞哺恩、多美滋、朵拉小羊、Arla等品牌。据集团销售副总裁赵立波介绍，它们中有的使用新西兰纯净奶源，是新西兰原装进口；有的源自欧洲阿尔卑斯山的有机牧场，有机原料的含量高达95%以上；有的拥有欧洲双重专利；有的来自北欧纯净的天然牧场，也是100%原装进口。①

　　考虑到中国市场的巨大规模，法国科西嘉工商会组织了约30家当地龙头企业前来参展，主要来自啤酒、葡萄酒等行业，其产品定位于文化水平较高的小众消费者，展位面积大约500平方米。科西嘉工商会特派代表本特朗·米罗表示，"当地中小企业也非常希望能借助进口博

---

　　① 吴卫群：《进口博览会也是检验企业国际合作能力的盛会》，2018年8月4日，https://www.shobserver.com/news/detail?id=98837。

览会把科西嘉岛上纯天然的生活理念带给中国消费者","科西嘉工商会还将统一这些小众产品来华的标准,希望能以团结的姿态、集体的形式进入中国市场,而不是让这些中小企业在中国市场单打独斗"。①由于当地中小企业报名踊跃,商会已提前向组委会申请预留了2019年第二届进口博览会的展位。

乐斯福集团也是第一批签署2019年参展报名表的企业之一,此次参展向消费者展示了酵母及相关产品包括业务解决方案。(参见图3.28。)在此过程中,进口博览会的平台功能得到了充分认可。在集团大中华区总裁浦建菲看来:

> 此次进口博览会,将会是采购商云集的平台。就乐斯福全球发展来说,集团拥有3 000多名销售人员,但是我们在全球只有50多位员工直接与供应渠道打交道。因此,进口博览会能帮助企业的供应链部门在短短几天之内接触到庞大的新产品、新解决方案。因此,进口博览会是个非常难得的机会,帮助企业在短时间内进行智慧的碰撞,比此前单纯买进—卖出,多了更多深入交流的机会。②

近年来中国消费者对高品质生活的需求,也激励某些一度退出中国市场的企业"卷土重来"。例如,西班牙卡洛斯·阿尔博的孩子们有限公司的产品曾于2014年在上海的精品超市短暂销售过,但鉴于当时国内消费者对罐头食品的认知程度不高,所以暂时退出了中国市场。该公司代表表示,"伴随消费升级,中国市场对罐头食品的认知度明显提高,觉得有必要再来中国市场试一试,首届进口博览会给了我们

---

① 张煜、吴卫群:《我们的产品终于从遥远的地中海中心来到了上海!》,2018年7月11日,https://www.jfdaily.com/news/detail?id=96126。
② 潘寅茹:《乐斯福集团大中华区总裁浦建菲:进口博览会是相互交流、汲取创新经验的平台》,2018年6月15日,https://www.yicai.com/news/5432253.html。

图3.28　乐斯福展台　邹　磊/摄

机会"。①

　　同样来自西班牙的伊比利亚黑猪橡果火腿得到了参展观众的热捧，短短几天，不但所有存货被抢订一空，还签下了数不清的订单。代理商孟成真表示，进口博览会带来的商机让他们感到难以置信，"信息量实在太大，之后我们要好好整理一下，得扩大在中国市场的商业规模，中国市场太刺激了"。②

　　来自非洲国家的食品企业，则期待通过进口博览会的平台，与中国市场建立直接联系。例如，负责肯尼亚食品展台的跨大西洋贸易有

　　①　张煜、吴卫群：《与各种大型商展不同，首届中国国际进口博览会为什么要开启展前对接会的先河？》，2018年9月1日，https://www.jfdaily.com/news/detail?id=103107。
　　②　张驰：《西班牙火腿展商：中国的市场太刺激，订单接到手软，存货已空……》，2018年11月9日，https://www.shobserver.com/news/detail?id=115621。

图3.29　叙利亚食品企业展台　邹　磊/摄

限公司工作人员表示：

> 目前，在进口食品领域，中国企业、中国消费者比较熟悉一些传统优势国家。但是很多传统优势国家加工的知名食品的原材料，不少就来自像肯尼亚这样的国家。此次进博会，中国企业和消费者可以直接和原料产地国打交道，或许会有惊喜，也可能形成一种新的贸易关系。①

令人感动的是，来自叙利亚的食品企业也在这个展区参展，并得到许多中国采购商和普通消费者的关注。（参见图3.29。）

国际一流的博览会也有着一流的成交。据统计，首届进口博览会

---

① 袁源等：《金博会上那些"最"》，《国际金融报》2018年11月12日。

交易采购成果丰硕，按一年计，累计意向成交578.3亿美元。其中，智能及高端装备展区成交164.6亿美元，消费电子及家电展区成交43.3亿美元，汽车展区成交119.9亿美元，服装服饰及日用消费品展区成交33.7亿美元，食品及农产品展区成交126.8亿美元，医疗器械及医药保健展区成交57.6亿美元，服务贸易展区成交32.4亿美元。①

三、虹桥国际经贸论坛

首届虹桥国际经贸论坛（简称"虹桥论坛"）由中国和世界贸易组织、联合国贸发会议、联合国工业发展组织合作举办，主题为"激发全球贸易新活力，共创开放共赢新格局"，是中国在全球经济治理领域提供的又一项公共产品。

论坛由开幕式和3场平行论坛组成，论坛开幕式同时也是首届中国国际进口博览会的开幕式，习近平主席发表了题为《共建创新包容的开放型世界经济》的主旨演讲。3场平行论坛分别聚焦"贸易与开放""贸易与创新"和"贸易与投资"等议题，由嘉宾演讲和互动讨论2个环节组成，旨在通过共商共议、共谋发展、共解难题，将论坛打造成为支持贸易自由化，推动经济全球化的高层次国际交流平台。在当前逆全球化、单边主义、保护主义、民粹主义等思潮抬头的背景下，虹桥论坛有助于加强国际经贸政策沟通协调，传播包容性全球化和开放型世界经济理念，为反对贸易保护主义、维护多边贸易体制作出积极贡献。同时，虹桥论坛侧重于思想交流，与国家展侧重于展示、企业展侧重于交易可以形成互补，有助于提升中国国际进口博览会的软实力。联合国工业发展组织总干事李勇表示，"进博会不仅是一个开放的国际合作平台，也是一个讨

---

① 田泓：《首届中国国际进口博览会成果丰硕》，《人民日报》2018年11月11日。

论重大外贸和世界经济问题以改善全球经济治理的国际论坛"。未来，工发组织和进博会将建立长期、可持续的合作机制，进博会将提供一个鼓励发展中国家投资和创新的平台，并将确保欠发达国家能够从更先进的发展中国家的专业知识和经验中受益。①

很多人将虹桥论坛定位为经贸领域的博鳌论坛，并期待它能成为中国版的达沃斯论坛。作为初创平台和新生事物，虹桥论坛仍要走非常漫长的建设发展之路。那么，从达沃斯论坛、博鳌论坛的经验中可以得到哪些经验启示呢？具体而言，虹桥论坛要重点从三个"可持续"上下功夫：

一是探索建立稳定的筹资机制和商业运作模式，使论坛在财务上可持续。例如，寻求政府资金、商业赞助、会员缴费等多种筹资方式的合理组合，确保论坛保持较为充足的资金来源。加强论坛的自我造血功能，使论坛在长期保持发展活力的过程中具有商业价值，成为政府与市场良性互动的重要平台载体。

二是探索建立高效、开放的智库支撑体系，使论坛在思想生产上可持续。例如，在加强虹桥研究院建设的同时，密切论坛与各国官方和官方智库的联系，建立广泛的"官产商学媒"多领域人才网络，为论坛长期发展提供外部智力支持。

三是着力培育平台的全球制度性话语权，使论坛在国际影响力上可持续。例如，主动设置代表全球经贸发展潮流的热点议题，使虹桥论坛成为各方阐述立场和观点的主渠道，成为各界经贸领域精英汇聚的主平台，积极贡献"虹桥方案""虹桥倡议"，促进各国经贸政策协调。在此过程中，充分运用数字媒体资源以及与全球媒体的关系，让更多公众参与议题，推动更多声音参与论坛交流。

---

① 谈璎：《进博会将助力创造共同繁荣》，《新民晚报》2018年11月1日。

同时，在国际、国家和上海三个层面，仍需要做出很多努力。具体而言，国际层面，要加强与达沃斯论坛等已有国际合作机制的合作，既形成错位发展，又能优势互补，从而实现良性互动。在国家层面，要形成与博鳌论坛、夏季达沃斯论坛的差异化发展布局，持续投入主场外交资源，吸引全球顶尖政商学精英参与，支持虹桥论坛扩大国际影响力。在上海市层面，既要利用自身的国际化优势服务保障好虹桥论坛，支持虹桥研究院的思想库建设，也要主动谋划放大虹桥论坛的溢出效应，和浦江创新论坛、陆家嘴金融论坛等上海现有功能性开放平台形成互补，使之成为提升上海城市能级与核心竞争力的新抓手、新载体。

此外，首届中国国际进口博览会还充分发挥平台效应，组织开展了一系列高层次、高水准、高质量的配套现场活动。有关部委、各省区市、国际组织、部分500强参展企业举办政策解读会、行业研讨会、供需对接会、投资说明会、新产品发布会等超过100场，都旨在向各方宣传介绍中国持续扩大对外开放政策，多层次、多形式、全方位促进参展商和采购商精准对接、成交撮合。

第四章 中国扩大进口的多重机遇

近年来，主动扩大进口已成为中国对外贸易的新常态和对外开放的新亮点。伴随着中国国际进口博览会的举办，一系列有助于扩大进口的展示交易平台陆续建立，贸易投资便利化举措相继推出，国外优质商品、服务进入中国市场的渠道日益通畅。未来，扩大进口尤其是"永不落幕的进口博览会"将给各方带来怎样的机遇，对中国经济、地方发展、企业投资经营、普通人生活分别意味着什么呢？

一、中国经济机遇

当前，中国经济已从高速度发展进入高质量发展的新阶段，需要培育新的增长动能和竞争优势。适度扩大先进技术装备、关键零部件、优质消费品、农产品、资源性产品和优质服务进口，意味着中国将更主动地利用全球资源、全球市场来发展经济、改善民生，通过推动产业升级、消费升级、贸易升级，实现高质量发展、创造高品质生活。这既是一种新的发展机遇，也是一幅新的发展图景。

（一）产业升级

产业升级是推动中国经济高质量发展的关键。一个国家不可能在所有产业都占据完全的优势，即便像美国这样的发达国家，通过进口获得先进技术的份额也在逐年增加。因此，积极扩大先进技术装备、关键零部件和生产性服务进口，有序扩大先进制造业和现代服务业外商投资开放，对实现我国产业升级具有重要意义。总体而言，扩大进口促进产业升级的路径机制主要体现在两个方面。

一是通过技术溢出效应促进产业升级。许多研究表明，进口贸易是国际技术溢出的重要渠道。国外先进的中间产品和资本设备中蕴含大量先进的技术信息、工艺创新，通过进口将其引入国内生产中，既有助于我国进口企业在短时间内迅速提高生产效率，也有利于企业以"二次创新""干中学"等低成本方式开展学习模仿和集成创新。同时，有些先进技术装备的使用需要出口方提供各种形式的技术指导，在此过程中，国外的先进技术、服务、管理等也会在不同程度上慢慢向国内企业和技术人员扩散溢出。从横向对比来看，日本和其他新型工业化国家在实现经济腾飞时，是用有限的外汇资源积极进口外国高附加值的产品和设备，进而通过自己的研发和进一步的技术改良，生产出难以替代的具有更高附加值的产品。① 从纵向对比来看，我国早在 1970 年就已生产出第一台彩电，但生产规模、产量、性能、质量等均与同时期的国外产品有较大差距。改革开放以后，通过进口包括彩电在内的国外先进家电产品，我国家电行业快速发展，今天已成为全球家电产品制造大国和主要供应国，反过来成功出口到了欧美发达国家。这些事实都表明，通过积极扩大先进技术装备、关键零部件进口，将资本转化为生产能力，有助于通过技术溢出效应推动我国企业的技术创新，进而带动整体的产业结构转型升级，迈向全球产业链、价值链、创新链高端。

二是通过竞争示范效应促进产业升级。一方面，扩大国外优质商品与服务进口，将与国内同类企业及其产品形成市场竞争效应。相应地，消费者偏好的改变会给国内企业带来直接压力，这将刺激那些有实力的企业寻求更为先进的生产技术和管理方法，进而与"洋品牌"相抗衡。因此，通过市场竞争的方式，可以倒逼我国相关产业加快实现转型升级，激活国内经济活力。另一方面，扩大国外优质商品与服务进口，将给国内同类企业及其产品带来市场示范作用。有些进口产品此前在国内并没有生产销售，能带给消费者全新的认知和体验，在短时间内产生巨大的市场需求。这将吸引国内相关产业和企业快速跟进，在实现从无到有的基础上，通过创造性模仿和科技创新等方式逐渐提高市场份额。以近年来的"网红"产品智能马桶盖为例，几年前国内很多消费者对其并不了解，国内生产厂家大多是为国外品牌代工，自主品牌很少。但随着智能马桶盖进口增多，国内消费者的认知度越来越高，需求不断释放，很多国产智能马桶盖厂家顺势而上，不仅有

---

① 胡大龙：《进口在中国贸易强国战略中的作用研究》，人民出版社 2017 年版，第 7 页。

了自己的品牌，甚至还到日本等国设立研发中心。[①]市场竞争和市场示范效应，也会产生相应的技术溢出效应，激励更多的企业加强学习、模仿、研发和创新，进而带动整体的产业升级。

正是基于以上考虑，近年来我国结合国内产业发展情况确定进口重点领域，充分发挥《鼓励进口技术和产品目录》的作用，积极支持先进技术装备和关键零部件进口，鼓励引进、消化、吸收和创新。2018年11月1日起，我国又对1585个税目的机电设备、零部件及原材料等工业品实施降税，这些都为促进产业转型升级创造了良好条件。

（二）消费升级

改革开放以来，我国消费市场规模持续扩大，消费结构先后经历从生存型向发展型进而向享受型的跃迁。近年来，个性化、多样化、高端化、精致化的消费模式不断涌现，消费者对汽车、体育、健康养生、医疗卫生、信息通信、文化娱乐、教育培训、休闲旅游等领域优质特色商品、服务的需求大大增加，服务消费增速及其占消费总支出的比重不断提高，呈现出明显的消费升级态势。但是，相较于人民群众日益增长的美好生活需要，我国在优质商品和服务供给方面仍存在较大短板和差距，一些新需求还得不到充分满足，制约了消费规模、消费结构、消费品质的进一步升级。因此，适度扩大进口可以发挥对消费升级的积极作用，而这也体现了运用全球资源更好满足中国人民高品质生活需要的思路。

一是通过增加优质供给满足消费升级需要。过去，我国进口规模和金额最大的是原材料和工业品，和普通人日常生活紧密相关的特色优质酒类、食品、农产品、化妆品、医药保健品、电子产品、家居

---

① 杨俊峰：《外贸创新举措　让开放惠及世界》，《人民日报》（海外版）2018年5月8日。

用品等消费品进口相对较少，教育、医疗、养老、文化、体育等优质服务进口也和需求差距较大。因此，通过扩大优质消费和服务产品进口，将给国内市场增加优质供给，消费者能选择的产品种类更为丰富，可以更好地适应多样化、多层次的消费需求增长趋势，即便是许多小众的需求也会得到更多满足。过去，中国居民在境外大手笔的"买买买"，既是源于国内自身优质供给不足，也和进口消费品在中国市场价格偏高有关。通过扩大进口种类和降低进口环节成本，很多人在家门口就能及时、便捷地买到国外的优质产品，市场竞争会越来越充分，国内外价差也有望逐渐缩小。这将引导相当一部分境外消费回流，拓宽国内消费领域，做大国内市场规模，也能使进口商品消费对就业、税收等方面的贡献更多地留在国内，促进我国内需消费市场的良性循环。同时，借助线上线下结合的渠道和高效便捷的物流，普通民众的进口消费体验也将持续得到改善。

二是通过塑造认知偏好引领消费升级趋势。进口商品和服务在更好地满足消费者需求的同时，也提高了消费者对优质产品的认知和品位，进而塑造了新的消费习惯和偏好。即便是许多原先只是极少数人使用的进口产品，也在很短时间内成为消费潮流，带动了整体的市场需求更新。例如，近年来智利樱桃、秘鲁蓝莓、墨西哥牛油果、新西兰猕猴桃、菲律宾香蕉、泰国榴梿、越南火龙果、澳洲龙虾、挪威三文鱼等进口生鲜食品在消费者眼中已司空见惯，日本的护肤品、家居用品、母婴产品和养老产品也成为竞相购买的对象。在汽车、消费电子、医药保健、文化创意、休闲娱乐等许多领域，进口产品都重塑了普通中国人的消费观念。未来持续扩大进口，可以为消费者提供更多、更新的高品质消费选择，刺激相关需求增长和产业发展，放宽市场准入，引领形成新的消费热潮。因此，积极扩大进口不仅能满足既有的需求存量，也能培育和壮大新的消费增量，从而带动我国内需消费的整体升级。

三是通过降低制度成本优化消费升级环境。扩大进口是一项系统工程，除了商品和服务本身的高品质之外，还有赖于持续性的制度创新、成本降低和市场开放，这些都将在客观上优化消费升级所需的生态环境。据统计，"十二五"期间，我国进口关税和进口环节的增值税、消费税超过8万亿元。①习近平总书记在中央财经领导小组第十六次会议上强调，"要改善贸易自由化便利化条件，切实解决进口环节制度性成本高、检验检疫和通关流程繁琐、企业投诉无门等突出问题"。②从2018年5月和7月起，我国进一步下调抗癌药物、汽车和部分日用消费品进口关税，力度和规模都远超以往历次。同时，通关、检验检疫环节的时间也在持续压缩，"快检快放＋外检内放"等越来越多制度创新举措得到探索和推广，48小时送达的北美大龙虾、72小时送达的新西兰鲜奶都见证了进口成本降低带来的消费升级。未来，以举办进口博览会和扩大进口为契机，我国还将在放宽市场准入、改善外商投资环境、保护知识产权等方面持续发力。这些都有望为增加优质消费供给、激发消费市场活力创造积极条件，为实现更可持续的消费升级奠定基础。

（三）贸易升级

改革开放40年来，我国对外贸易实现了历史性跨越，但大而不强的问题依然较为突出。中共十九大报告提出，"拓展对外贸易，培育贸易新业态新模式，推进贸易强国建设"。实施更加积极的进口政策，有

---

① 夏旭田：《二十部委发布扩进口意见：扩大民生产品、技术装备进口》，《21世纪经济报道》2018年7月10日。
② 新华社：《营造稳定公平透明的营商环境　加快建设开放型经济新体制》，《人民日报》2017年7月18日。

助于促进我国实现贸易升级，进而为加快贸易强国建设创造有利条件。

一是促进对外贸易平衡发展。相当长一段时期以来，基于自身在国际贸易体系中的分工地位和比较优势，我国一直保持着较大的贸易顺差。但是近年来，全球总需求不足和美国挑起贸易摩擦，也给我们造成较大的外部压力，更不利于形成稳定、可持续的对外贸易环境，广大发展中国家也希望能分享中国扩大内需的机遇。习近平主席在博鳌亚洲论坛2018年年会开幕式上指出，"中国不以追求贸易顺差为目标，真诚希望扩大进口，促进经常项目收支平衡"。①因此，在降低进口门槛的基础上，适度扩大国外优质商品进口，有助于减少我国贸易顺差。同时，借助进口博览会设立服务贸易展区的新契机，积极扩大优质服务进口，引导境外消费回流，有助于促进我国贸易结构优化和平衡。这既可以使我国更为充分地借助全球资源发展国内经济和社会民生，也有助于减少贸易摩擦风险，强化我国消费大市场对外部世界的吸引力、向心力，更能带动"一带一路"沿线尤其是广大发展中国家经济发展，使"中国市场""中国进口"成为促进全球经济复苏的重要力量。

二是实现扩大进口与稳定出口有机联动。作为全球最大的工业制造基地，加工贸易是中国融入全球经济分工的重要方式。在进口大量的原材料和中间品的同时，中国也向全球输出最多的工业制成品。相关研究表明，在过去40多年间，出口平均每增加1个单位，进口增加0.76个单位，两者有很强的正相关性。②进口可以带动出口，出口也依赖于进口。从我国进出口商品的结构来看，进口最多的同时出口也是最多的。例如，机械及运输设备，同时是我国进口和出口中最大的商

---

① 习近平：《开放共创繁荣　创新引领未来——在博鳌亚洲论坛2018年年会开幕式上的主旨演讲》，《人民日报》2018年4月11日。
② 梁达：《重视主动扩大进口战略对拉动经济增长作用》，《上海证券报》2018年5月18日。

品类别。从贸易增加值的角度来看，关键零部件中间产品的进口对出口起到了重要作用。在全球绝大多数经济体中，大约有1/3的进口中间产品是用于出口市场。[①]因此，扩大国外优质商品、技术和服务进口，有助于提升"中国制造"出口的竞争力和美誉度，进而实现扩大进口与稳定出口之间的正向促进。

三是推动外贸、外资和外经深度融合。一方面，主动扩大进口将给各国企业带来新的发展机遇，中国市场需求的扩大不仅有助于吸引发达国家跨国公司进一步扩大在华投资，也有助于吸引"一带一路"沿线尤其是广大发展中国家的优质企业来华投资。举办中国国际进口博览会，为各方提供了一个深入考察和对接中国市场需求的平台和渠道。近年来，来自拉美、非洲、东南亚的一些企业和欧美的中小品牌已注意到中国内需市场崛起带来的巨大商机并来华开展投资，扩大进口政策将使这一趋势得以持续。另一方面，主动扩大进口也有助于引导中国企业围绕国内市场需求开展跨国投资和并购，建设海外生产基地和研发中心，将更多国外优质商品和服务回销中国市场。在此过程中，中国企业也可以帮助东道国更精准地对接中国市场的真实需求，真正实现优质资源的全球合理配置。

（四）会不会给中国经济带来风险？

扩大进口的机遇与便利显而易见。但是，许多人还是不免担忧，它是否也会给中国经济带来风险呢？当前，针对扩大进口的担忧主要表现在三个方面。

一是担忧将对国内相关行业造成冲击。有种声音提出，优质进口商品的快速涌入会严重挤压国内厂家及其产品的市场空间。应当

---

① 胡大龙：《进口在中国贸易强国战略中的作用研究》，第215—216页。

承认，一定程度上的影响是存在的，但没有必要对扩大进口带来的短暂、局部影响过度夸大和焦虑。**首先**，这类担忧主要是针对消费品而言，而我国扩大消费品进口也并非一哄而上、为了进口而进口，而是一个循序渐进的过程。在这个过程中，我国会不断积累对进口商品的风险控制能力。**其次**，当前境外购物、跨境电商、海淘、代购等消费渠道已相当丰富畅通，即使我国不主动扩大进口，这部分消费者也依然会选择购买国外商品。**第三**，正如前文所述，扩大进口、降低进口关税及放开市场也可以起到刺激竞争的作用，打破对一些产业的过度保护，增强国内企业的创新积极性，提升国内商品的竞争力。例如，过去我们在饮料市场引入可口可乐、百事可乐，在快餐市场引入肯德基、麦当劳，并未造成国产饮料和快餐品牌的衰落；在手机领域，苹果、三星等国外品牌的涌入非但没有打垮国产手机厂商，反而激发了华为、中兴、小米、OPPO、VIVO等一系列国产品牌的技术创新和强势崛起，并快速走出国门，在全球市场上开疆拓土。

二是担忧将会增加被他国"卡脖子"风险。"中兴事件"使各方深刻认识到，核心技术必须掌握在自己手中，高度依赖单一进口来源的后果就是随时可能被他国切断供应。那么，当前和未来我国扩大进口是否也会提高对他国的依赖程度，进而威胁国家经济安全呢？**首先**，加强核心技术研发与适度扩大进口并不是非此即彼的关系，产业升级不可能是一蹴而就的过程。这就意味着，我国在相当长时期内仍需要通过进口部分先进技术设备、关键零部件，助力提升自主创新能力。在此背景下，从欧洲、日本等市场扩大进口，有助于对冲美国市场的政治风险。**其次**，适度扩大能源、农产品进口，并不会使我国的能源安全、粮食安全受制于人。一方面，我国每年的能源和粮食消费需求极其庞大，仅靠国内市场根本难以满足，借助国外资源和市场、适度扩大进口是符合现实的理性选择。正如有学者指出的,过度强调资源自给只能抬高中国下游制造业和整个国民经济的成本,降低其效率和国际竞争力,进而动摇中国经济可持续发展的前景。[①]另一方面,在加强国内战略储备的同时,扩大石油、天然气、大豆等初级产品的进口来源,有助于对冲被某些特定市场(如中东石油、中亚天然气、美国大豆)制约的风险。

三是担忧将加大我国经济下行压力。这一担忧的逻辑在于,推动经济增长的"三驾马车"是消费、投资、净出口,如果投资、消费、出口都不变,那么增加进口就会使净出口减少,进而拉低经济增长。在全球总需求不足尤其是中美贸易摩擦升级的背景下,我国对外出口出现下滑,许多人对扩大进口有所顾虑。然而,正如国家统计局新闻发言人毛盛勇在回答相关提问时所说,经济体系是一个循环系统,各个经济指标不是相互独立,而是高度相关的。一方面,扩大进口可能带动国内消费增加,也可能推动国内投资的增加;另一方面,扩大进口带来投资增加扩大产能,也可能推动出口增加。在分析这些经济指标的时候,不能孤立看待。[②]在此意义上,适度扩大进口并不一定会拉低经济增长,反而有可能带来新的增长机遇。

二、地方发展机遇

以举办中国国际进口博览会为契机扩大进口,对我国各地方的经济发展也是难得的机遇。对于承办地的上海而言,尤其如此。

---

① 梅新育:《适度扩大进口与经济安全》,2018年6月11日,https://www.yicai.com/news/5430844.html。

② 国务院新闻办:《国新办举行5月份国民经济运行情况发布会》,2018年6月14日,http://www.scio.gov.cn/xwfbh/xwbfbh/wqfbh/37601/38453/index.htm。

（一）进口博览会对上海发展的溢出效应

近年来，伴随着中国特色大国外交的深入推进，主场外交已成为我国参与全球治理的重要平台，也成为推动地方发展的宝贵机遇，杭州G20峰会、厦门金砖国家领导人峰会、青岛上合组织领导人峰会等都为所在地注入了发展新动能。对此，习近平总书记曾以"办好一次会，搞活一座城"的指示加以要求和勉励。上海是我国最大的经济中心城市和最大的对外贸易口岸，承办进口博览会和扩大进口将给上海的经济社会发展带来多方面的溢出效应和红利。对于上海着力提升城市能级和核心竞争力，全力打响"上海购物"品牌，加快建设国际贸易中心和国际消费城市，实施新一轮高水平对外开放，都具有重要意义。（参见图4.1。）

图4.1　国家会展中心（上海）　管欣怡/摄

一是直接带动进口博览会概念行业发展。上海世博会、北京奥运会等重大展会赛会的经验表明，承办进口博览会不仅可以直接拉动上海会展经济增长，还将综合促进贸易、投资、住宿、餐饮、旅游、文化、交通、金融等相关行业发展。人流、物流和资金流的快速涌入，将形成一个规模可观的博览会经济集群。更为重要的是，进口博览会"今后要年年办下去"，因此相较于世博会和奥运会，它对上海经济增长的促进作用将更为持久。此外，我们也可以预见，会址国家会展中心所在的大虹桥区域将成为上海最重要的经济增长极之一。

二是助力在全球打响"上海购物"品牌。近年来，上海始终位居出境游客源地头把交椅，居民海外消费的能力和规模都异常惊人，这背后所反映的正是当前我国在优质商品和服务供给上的短缺。因此，通过适度扩大进口，创新进口消费制度，降低进口消费成本，有助于促进上海消费升级。首届进口博览会将汇聚全世界的优质企业、商品和服务，对打响"上海购物"品牌、加快建设具有全球影响力的国际消费城市是绝佳载体。以承办进口博览会为契机，将有助于上海打造面向全球的消费市场，集聚更多全球最新最潮的消费品牌，打造全球新品首发地，加快建设国际消费品集散地。未来，上海可以在家门口更好地满足国内群众对高品质生活的强烈需求，增强"上海购物"的体验度，充分释放内需消费市场的巨大潜力和红利，实现"要购物，来上海""足不出沪，买遍全球"。

三是推动上海新一轮高水平对外开放。改革开放再出发，上海需要在扩大对外开放上有新突破和新作为。2018年7月发布的《上海市贯彻落实国家进一步扩大开放重大举措加快建立开放型经济新体制行动方案》（简称"上海扩大开放100条"）提出，要努力把上海打造成为全国新一轮全面开放的新高地、服务"一带一路"的桥头堡、配置全球资源的亚太门户、我国走近世界舞台中央的战略支撑，在贯彻开放发展新理念、增创开放型经济新优势、构建全面开放新格局上勇当排头兵。进口博览会是我国新一轮高水平开放的标志性工程，也是新时代上海扩大对外开放最重要的战略平台。通过推进进口博览会与落实"上海扩大开放100条"联动，上海将进一步放宽外商设立投资性公司条件限制，争取一批先进制造业、服务业领域扩大开放措施落地，策划一批招商引资活动，开展"走进上海"投资贸易对接促进活动，吸引更多的贸易投资主体集聚落户，推进营商环境再优化、再提升，以更高水平开放带动更高质量发展。①

四是强化上海联结中外市场的贸易枢纽地位。为国内外资金、商品、人才、信息的集散流动提供平台，打造中国市场与世界市场互联互通的门户，是上海自开埠以来就形成的重要经验和传统。进口博览会面向的不只是特定地区，而是整个世界市场。通过这一展会的举办，将吸引一大批国内外采购商、零售商、服务机构、外贸人才集聚上海，并促进更多外国优质商品在中国流通。当前，每年约有三成的各国货物是通过上海口岸进入中国市场。以承办进口博览会为契机扩大进口，建设完善"6天+365天"一站式交易促进服务平台，集聚一批综合性、专业性消费品集散功能平台，提升贸易便利化水平，未来上海口岸在中国进口中的份额有望继续扩大。这有助于提升上海联动长三角、辐射全国、面向全球的贸易枢纽功能，强化上海服务"一带一路"建设的桥头堡功能，也将推动上海建设国际贸易中心、国际著名旅游城市、国际会展之都迈上新台阶。此外，在扩大进口的进程中，未来将有更多以人民币计价交易结算的探索空间，在客观上将助力上海的国际金融中心建设，提升"上海价格"的国际影响力。

---

① 参见上海市人民政府副市长、中国国际进口博览会筹委会办公室副主任、筹委会筹备工作现场指挥部总指挥吴清在首届中国国际进口博览会"倒计时100天"新闻发布会上的答问。

五是提升上海在全球经济治理中的制度性话语权。进口博览会集展示、交易、论坛等多重功能于一体，在国际贸易史上也没有先例。这一中国创制将为世界各国展示国家形象提供"上海平台"，为世界各国货物、技术和服务进入中国市场提供便捷开放的"上海通道"，有助于在全球范围内打响"上海购物"品牌，扩大"上海服务"的对外辐射度，成为新时代中国扩大对外开放的一张名片。值得关注的是，虹桥国际经贸论坛将对标达沃斯论坛，通过打造引领世界经贸发展的高端交流对话平台，为解决当前世界经济困局、推动包容性全球化贡献"上海方案"，助力提升我国在全球经济治理中的制度性话语权。

对于上海的各个区来说，承办进口博览会和扩大进口也意味着重要的发展机遇。例如，作为上海改革开放的龙头，浦东新区将以进口博览会为契机，对接国际投资贸易规则新变化，深化自贸试验区改革创新和"三区一堡"建设，建设完善一批服务全国、辐射全球的进口贸易专业服务平台。①

作为上海国际消费城市示范区，静安区将依托该区奢侈品公司和外资专业服务业比较集中的优势，借助进口博览会做进一步集聚，特别对目前尚未进入中国的中高端小众、时尚、特色品牌等加快集聚力度，以满足国际都市白领消费、家庭消费、商务消费和文旅消费等多样化的消费需求。同时，静安区将充分发挥好南京西路国际商圈的品牌优势，积极对接参展国在南京西路商圈的展示和销售，争取变成不落幕的进口商品展销馆。

作为国家会展中心所在地的青浦区，迎来了城区交通、绿化、河

① 2017年3月国务院印发的《全面深化中国（上海）自由贸易试验区改革开放方案》提出，加快建设开放和创新融为一体的综合改革试验区、开放型经济体系的风险压力测试区、提升政府治理能力的先行区，以及服务国家"一带一路"建设、推动市场主体走出去的桥头堡，此即"三区一堡"。

道、景观、安保、社会治理等各方面的综合检验和提升。（参见图4.2。）同时，通过梳理楼宇资源、研究政策对接、优化营商环境、推进主题招商等一系列行动，积极打造进口博览会"6天+365天"功能性平台。对于虹桥商务区主要所在地之一的闵行区而言，也将积极承接进口博览会辐射效应，提升南虹桥地区的国际配套功能和设施能级，加快长三角国际贸易展示中心、虹桥海外贸易中心、虹桥进口商品展示交易中心等平台建设，打造上海西部国际化商贸商务中心。

图4.2　国家会展中心（上海）　黄超明/摄

此外，闵行区、松江区、青浦区、金山区、嘉定区等制造业重镇纷纷将进口博览会视作拓宽高质量招商引资渠道、助力打造先进制造业高地、对冲中美贸易摩擦风险的重要机遇。奉贤区则将以进口博览会为契机，打响"东方美谷"美丽健康时尚购物品牌。为了充分释放进口博览会的溢出效应，上海还积极开展"中国国际进口博览会客商走进上海看各区"系列活动，使各区得以在家门口向客商开展推介，发掘并承接相应合作商机。

（二）扩大进口对我国其他地区的发展机遇

进口博览会和扩大进口除了给上海带来直接的发展红利之外，还将给我国其他地区带来哪些机遇呢？

先看上海周边的长三角地区。众所周知，长三角地区是我国经济最具活力、开放程度最高、创新能力最强的区域之一，也是我国最重要的生产基地和外贸基地之一。针对推动长三角地区更高质量一体化发展，习近平总书记作出了一系列重要指示要求，也对此寄予厚望，并亲自在首届进口博览会开幕式上宣布将其上升为国家战略。中国国际进口博览会的举办，为长三角地区提供了深化合作、分享机遇的新平台。

具体而言，沪苏浙皖三省一市可以合作搭建"6天+365天"常年交易展示平台，共建一批国际进口贸易促进中心和服务平台，共同推动会展商品通关便利，在有关城市举办进口博览会延伸和配套相关活动，协助长三角对接境外投资贸易商资源，支持外资企业来长三角发展，使博览会机遇可以从上海向周边扩散延伸；三省一市可以建立中外来宾接待联动机制，开发若干条体现"美丽中国"及长三角地域特色的考察采风精品线路，进一步提升长三角旅游的国际影响力和知名度，持续拉动入境旅游市场增长，扩大进口博览会在旅游住宿、景区游览、购物旅游等方面的带动效应，打造长三角会商旅文体品牌项目[1]；三省一市可以围绕进口博览会开展联合经贸对接活动，合作深化进口博览会数据挖掘和信息共享，推动形成商机共同开发机制；三省一市可以以进口博览会为契机加速基础设施互联互通，例如上海青浦区正与浙江嘉善、江苏昆山和苏州吴江区研究开展青浦轨道交通17号

---

[1]　邹娟：《共同放大进博会溢出效应，长三角联手辟精品旅游专线》，2018年6月2日。

线延伸及对接，与嘉善共商两地通用机场功能研究，共同对接进口博览会。①对于江苏、浙江和安徽各自的经济转型升级而言，进口博览会也是重要契机。例如，在江苏省商务厅副厅长周常青看来，"进口博览会相当于是一个'准主场'活动"。江苏原来是"资本引进来、商品卖出去"，现在更多的是"商品买进来、资本要走出去"。通过进口博览会，除了能够采购更多、更好、更先进的装备来支持产业升级外，江苏还可以推动更多的双向投资合作，既包括本土企业进一步去开拓国际市场，也包括国际先进企业到中国来、深耕中国的市场。②

除了长三角因区位优势获得的便利之外，全国其他地区又能从进口博览会和扩大进口中获得什么呢？

一是有助于各地开展高质量招商引资。作为一个中外客商云集的场合，进口博览会为全国各地方政府和企业提供了与国外优质企业面对面的平台。首届进口博览会吸引了151个国家和地区、3 600多家企业参加，许多是行业龙头企业，确认参展前经过了相应的资格审核，是非常优质的招商引资对象。同时，有别于中国国际工业博览会等专业性展会，进口博览会涉及领域更为综合。通过覆盖展前、展中和展后的供需对接、专场采购会和相关配套活动，使各地企业在境内就能分享最新进口商机，减少采购成本，加强产业链对接；各地政府也可以结合地方转型发展需要进行针对性洽商。

二是有助于各地引导消费回流。伴随着进口渠道拓展的和进口成本降低，未来将会有大量国外优质商品、技术和服务进入中国市场。对于各地而言，人们可以更为便利地在家门口买到洋货，由此可以引导一部分本地

---

① 陈爱平、周琳：《谋求更高质量一体化 中国长三角热盼中国国际进口博览会》，2018年7月30日。

② 计亚：《年进出口额超4万亿的外贸大省，期待借进口博览会"华丽转身"》，2018年9月6日，https://www.yicai.com/news/100022331.html。

居民的境外消费回流，进而能够逐渐扩大本地消费市场。在内需消费逐渐成为中国经济发展主要驱动力的背景下，这一转型对各地都相当关键。

三是有助于各地扩大贸易增量。伴随着我国的产业升级和消费升级进程，各地对于国外先进技术装备、关键零部件、优质消费品、农产品和资源性产品进口有了更大的需求。在出口增速下滑的同时，扩大进口有助于各地稳定和扩大对外贸易规模。值得指出的是，过去我国从亚非拉发展中国家进口的主要是资源性产品，对当地的优质消费品和农产品了解不足、进口有限，对发达国家的小众品牌和产品亦是如此。以举办进口博览会为契机扩大进口，未来既可以稳定各地与发达国家的贸易规模，也能改善与"一带一路"沿线尤其是发展中国家的贸易结构。在全球总需求不足和中美贸易摩擦的背景下，适度扩大进口对各地的外贸可持续发展具有积极意义。

四是有助于各地培育贸易节点。进口贸易的增长将催生或做强一批贸易节点城市，这既包括义乌、广州等传统外贸基地，也包括宁波、郑州等新兴外贸中心城市。过去，义乌的外贸以出口为主，但现在它的进口集散地功能也在逐渐强化。值得关注的是，伴随着"一带一路"建设的推进尤其是中欧班列的开通，宁波已是全国最大的中东欧商品集散中心，并在全国设立30余个中东欧商品直销中心，中东欧商品通过宁波源源不断进入中国市场。据悉，随着我国扩大进口利好政策不断出台，中东欧国家对中国出口的积极性与日俱增，现在中欧班列都是满载去满载归，以牛奶、水果、红酒等农副产品为主，改变了开通之初回程空载率高的状况，降低了运输成本，丰富了国内消费者对中东欧消费品的需求。①这也就意味着，未来除了传统的海运形式之外，

---

① 王文博、孙韶华：《扩进口政策密集出台释放多重红利》，2018年6月11日，http://www.jjckb.cn/2018-06/11/c_137245127.htm。

以中欧班列为载体的陆上运输在我国进口贸易中的比重将持续上升，其中的一些关键始发站点将有望成为我国新的对外贸易节点。

三、企业发展机遇

国内外各类企业是参加中国国际进口博览会的主体，也是我国扩大进口的最重要的实践者和受益者。那么，在"买全球、卖全球"的扩大进口时代，企业又将迎来怎样的市场发展机遇呢？

正所谓"春江水暖鸭先知"，许多跨国公司已从市场一线敏锐地感知到，当前中国国内兴起的消费升级和产业升级浪潮，正在带来巨大的市场商机。这首先就体现在与普通人生活息息相关的衣食住行方面。

法国科西嘉工商会是首届中国国际进口博览会的参与者，并早早签署了2019年第二届的报名表。是什么促使这些来自科西嘉的中小企业不远万里组团来华参展且一来再来呢？答案就在庞大的"中国市场"机遇中。正如其特派代表贝特朗·缪洛（Bertrand Mulot）所说：

> 众所周知，中国市场规模巨大，而根据我们调研，目前中国消费者对高质量和特色性产品的强烈需求是科西嘉中小企业决定抱团进军中国市场的首要因素。过去三十年，中国人的消费方式发生了巨大变化。现在，他们不仅寻找新产品，同时对产品的质量、可追溯性、有机性也有了更高的要求。科西嘉岛的典型传统产品，例如葡萄酒、啤酒、矿泉水、火腿、奶酪、饼干、巧克力和海鲜等小众产品在欧洲非常知名，符合当下中国市场的需求和期待。[1]

---

[1] 张煜、吴卫群：《我们的产品终于从遥远的地中海中心来到了上海！》，2018年7月11日，https://www.jfdaily.com/news/detail?id=96126。

　　新加坡丰益国际集团则更早一步将中国作为最重要的市场，中国业务约占丰益国际全球营业额的55%，每年从全球各地引进到中国的农产品和食品的货值总额超过100亿美元。在集团董事长兼首席执行官郭孔丰（Kuok Khoon Hong）看来，"中国经济增长潜力很大，中国人民正变得越来越富裕，这将为粮油食品加工行业带来新的机遇。所以我们会抓住扩大开放机遇，在中国进一步扩大投资和贸易合作"。[①]在中东欧的企业看来，随着中国消费水平的提高，消费者对高品质、无污染、纯天然的食品需求量越来越大，红酒、奶制品、燕麦片、鱼罐头等农副产品在中国非常受欢迎，玛瑙、琥珀、蜜蜡、水晶等贵重饰品也是消费者追逐的焦点。[②]

　　对于广大厨房卫浴厂商来说，中国的消费升级也将给他们带来可观的发展红利。例如，有的企业观察到，在环保、安全性等方面，电能炉灶是发展的大趋势，德国的电灶普及率已在95%以上，而在中国的普及率仍只有个位数，这意味着巨大的市场潜力。在此背景下，中国国际进口博览会的举办为相关企业进入中国市场打开了方便之门。正如林内集团执行董事进士克彦所说：

　　　　这是中国第一次举办全进口品牌、产品的展示盛会，有利于各外资品牌将国外优质的进口产品引入中国广阔的消费市场，适应中国日益增长的中高端消费人群的市场需求。在这个立足于中国本地市场，又兼具国际化色彩的展会背景下，从林内的角度，可以将林内集团在日本、美国等发达国家研制的成熟、高品质、舒适的燃气具，厨房卫浴产品等呈现给中国的专业采购商、专业

---

　　① 缪琦：《引导8万亿美元进口，进口博览会助推消费新增长》，2018年7月15日，https://www.yicai.com/news/5439225.html。
　　② 王文博、孙韶华：《扩进口政策密集出台释放多重红利》，2018年6月11日，http://www.jjckb.cn/2018-06/11/c_137245127.htm。

人士、媒体及广大的消费者，让更多的中国用户享受到林内进口产品所带来的舒适生活，迎接中国消费升级的机遇。[1]

在满足了基础需求之后，人们对美的追求就会愈发强烈，对进口化妆品品质和个性的要求也更高。近年来，不仅来自中东欧的小众护肤品品牌开始走俏，一些早已在中国市场经营多年的大品牌也看到了新的商机。欧莱雅中国首席执行官斯铂涵观察到：

> 随着消费升级，消费者对价格的敏感转变为对品质的追求。越来越多的消费者开始从实用性消费转变为美妆产品等享受型的消费，并且更倾向于高端化、个性化、小众化和具备服务溢价的品牌和产品，这对于欧莱雅而言是巨大的机遇。[2]

进口家居行业也同样感受到了这一波快速袭来的新机遇，并对进入中国市场跃跃欲试。Heritage Home Group 是位于美国北卡罗来纳州的高端家居集团，旗下拥有 Thomasville 等品牌。在集团亚洲区总裁王招泽看来：

> 中国人这几年来对生活品质的需求在不断提升，消费层次和消费能力也在不断变化。我们觉得在这个时间点进入中国市场是非常恰当的。我们也希望通过与中国企业联手，把我们这个具有106年历史的美式家居生活带入中国，让更多的中国消费者能体验有品位的、优质的生活方式。[3]

和消费升级一样，中国大规模的产业升级趋势也在给跨国工业企业以新动力。UPS中国区董事总经理尼尔·邦德认为，未来在"中国制造"的生产过程之中，产业链将实现全球配置，而这需要一个非常高

---

① 吴卫群：《迎接中国消费升级机遇，提供更多的高品质产品》，2018年8月1日，https://www.jfdaily.com/news/detail?id=98521。

② 吴卫群：《拥抱消费升级，拥抱"美的新黄金时代"》，2018年7月19日，https://www.shobserver.com/news/detail?id=96887。

③ 第一财经：《HHG集团亚洲区总裁王招泽：为中国家庭打造个性化家居生活》，2018年6月4日，https://www.yicai.com/news/5428799.html。

效的全球物联网络支撑，对物流企业而言是一个非常好的机会。① 在飞利浦公司看来，中国的数字经济和新消费在快速发展，将为该公司的信息化和智能化产品带来巨大商机。日本发那科是全球最主要的工业机器人研发、生产商之一，也是首届进口博览会的参展商。在其中国公司总经理钱晖看来，随着中国制造业自动化需求的不断增长，发那科的机器人和控制设备业务也将有非常喜人的提升。

通快是德国一家具有80多年机床生产历史的企业，从2000年就开始在中国投资，主要生产数控钣金加工机床。在通快（中国）有限公司研发总监亚历山大看来，中国经济正在加速"腾笼换鸟"，对加工机床有着巨大需求，参加进口博览会可以向中国企业展示最新技术，并紧密地和中国客户接触，了解客户诉求，促进机床的研发和制造。② 尼古拉斯克雷亚公司是西班牙一家有着70年历史的制造企业，主要生产大中型机床，在欧洲市场具有很高的占有率。自2003年以来，中国已占其全球业务版图中的最大份额，每年生产的产品有30%—35%销售到中国市场。进口博览会为该公司在华业务扩展创造了条件。正如其在华首席代表所说，"我们的准备工作已经做好，通过参展，想更快扩大在中国的市场，进而扩大在整个亚洲的市场份额"。③

进口博览会为已经在华有较好发展的外国企业提供了进一步扩大市场的机会，那么，对于先前少有人知的中小品牌有什么帮助呢？正如日本美容健康仪器开发公司爱姆缇姬（MTG）常务董事中岛敬三所坦言的，之所以看中进口博览会，就是因为这个展会可以让他们这种原本在中国市场知名度不高的品牌受到广泛关注，帮助他们进一步拓展中国市场。2018年7月，该公司在东京证交所挂牌上市，刷新了日

---

① 郁中华、高睿：《海外参展"大咖"好评不断》，《劳动报》2018年9月6日。
②③ 吴力：《大牌为何青睐进口博览会》，《国际商报》2018年5月18日。

本当年IPO规模纪录。招股书特别提到了中国市场的重要推动作用，它旗下的美容仪品牌ReFa在天猫国际一上架就火爆，合作两年，业绩翻了8倍。[1]来自奥地利的珍得巧克力（Zotter）四年前就在上海开设了巧克力剧院，两年前进入了上海高端超市，但六成购买者依然是国外消费者。该品牌工作人员表示，"我们希望能在进口博览会上找到经销商，把品牌推广到全中国"，"我们正在构思进口博览会的展位设计，可能会以手工互动的形式呈现，让每个宾客有机会DIY巧克力，同时吸引更多采购商的注意"。[2]据观察，正有越来越多来自新兴经济国家和发展中国家的优质企业前来中国寻找商机，相较于欧美知名品牌，市场关注度较小，而进口博览会恰恰为他们提供了展示自我的舞台。

如果说进口博览会为国外企业创造了扩大或开辟中国市场的新契机，那么以此为契机，在中国扩大进口的进程中，国内企业又将迎来怎样的机遇呢？

通过进口博览会这一平台，过去需要满世界参展的国内采购商可以更便捷地掌握国外优质产品的最新动态，采购成本将会降低，供需对接效率也会提高。正如东方购物副总裁李卉蓉所说，"现在老百姓消费不光要看价格，还要看品质和性价比。以前我们要派人去各个国家搜寻好货，进口博览会则让我们有机会在家门口筛选符合平台定位、符合新生活方式的高品质商品"。[3]在进口博览会的展前对接会上，东方购物与境外组展机构成功取得联系，这些机构带来了大量的中小企业资源，很多企业可能是当地细分领域的"冠军"，相比500强品牌性价比更高。苏宁也同样将进口博览会视作前所未有的机遇，这一平台将苏宁和众多国外优质

① 任翀：《"我们很期待中国国际进口博览会"》，《解放日报》2018年8月7日；徐晶卉：《拥抱消费升级带来的"中国机遇"》，《文汇报》2018年8月14日。
② 徐晶卉、汪荔诚：《参展商与采购商等不及先"对眼"》，《文汇报》2018年6月15日。
③ 徐晶卉：《把握高质量发展重大机遇——办好进口博览会推动新一轮高水平开放》，《文汇报》2018年7月29日。

品牌相连接，进而满足消费者对进口优质商品日益增强的消费意愿。

在进口博览会之外，很多国内企业尤其是跨境电商平台企业也在布局"6天+365天"的进口业务。自2014年起，绿地集团已在全国18个城市开设53家G-Super绿地全球商品直销中心。2018年11月13日，位于国家会展中心（上海）南侧的"绿地全球商品贸易港"正式开港，这是上海市商务委认定的首批进口博览会"6天+365天"常年展示交易平台之一。11万平方米的商品交易馆共迎来41个国家的112家企业及组织入驻，涉及食品、电器、化妆品、汽车等多个品类，刚刚从进博会上撤展的进口红酒、牛肉、智能家电、保健品、化妆品等登陆线下展示平台。未来，依托自身产业资源，绿地还将为客商提供商品清关、物流配送、加工仓储、商品分销、供需对接等一站式"保姆化"服务，为海外企业打开一条高效便捷的进口贸易新通路。（参见图4.3。）以参与

图4.3　绿地全球商品贸易港　凌怡申/供图

进口博览会为契机，阿里巴巴宣布启动"大进口计划"。作为中国最大的跨境进口电商平台，阿里巴巴旗下的天猫国际将建立北美、欧洲、大洋洲和日本、韩国、中国香港等全球六大采购中心，力争在未来5年实现全球2 000亿美元的进口额。根据此前的试点，国内消费者通过阿里新零售技术支持的系统，即可线下自提点数秒内完成线上下单、身份验证、跨境支付、三单比对、缴纳跨境税等一系列合规购买流程，稍等清关后即可当场取走，足不出户就能买到全球同步、全球同价的进口好货。值得关注的是，包括Costco、维多利亚的秘密等全球知名品牌通过天猫国际成功试水中国市场后，再开天猫旗舰店；宝洁、联合利华、POLA等已在中国深耕多年的全球快消巨头，则在开设天猫旗舰店之后，再次开设天猫国际旗舰店，大规模引进从未进入中国市场的进口品类。①此外，面对国内消费者对境外优质商品的持续需求，以苏宁易购、网易考拉、洋码头、小红书、京东全球购等为代表的跨境电商企业也纷纷升级各自的进口业务，并在首届进口博览会上签署数千亿元采购协议。

除了这些跨境电商巨头，许多国内行业厂商也从迅猛发展的进口市场中获益匪浅。例如，义乌鑫联进出口有限公司代理的韩国厨房用品每年的销量都在成倍增长，在董事长金健看来，"面向普通消费者的中档进口商品具有广阔的市场空间，将会是外贸的下一个'风口'"。②仅在五年前，在红星美凯龙商场的布局中，进口商品所占面积连1%都不到，而现在已经达到4%—5%，预计未来3—5年可以升至10%以上。正如红星美凯龙国际贸易有限公司总裁朱家桂所说：

在过去5年里，尤其是2年前的节点，我们明显感觉到这一波

① 杨鑫倢：《天猫国际总经理：已扭转万亿境外消费回流，保税进口监管成熟》，2018年8月3日，http://www.thepaper.cn/newsDetail_forward_2304442。

② 王政：《从海淘到跨境电商：进口商品走进中国寻常百姓家》，2015年6月12日，http://finance.chinanews.com/it/2015/06-12/7340994.shtml。

市场消费升级来得特别快，我们进口品牌的出租面积每年都在以100%的速度增长，在家居、建材和饰品领域增长都非常快，我们目前也在快速推进海外品牌进入中国市场的步伐。①

伴随着进口博览会的举办和扩大进口的加速，一系列促进贸易便利化、放宽外商投资准入、保护知识产权、优化营商环境的扩大开放政策也在陆续推出，并迅速落地实施。在国家层面，继习近平主席在博鳌亚洲论坛上宣布扩大开放举措之后，《外商投资准入特别管理措施（负面清单）（2018年版）》《自由贸易试验区外商投资准入特别管理措施（负面清单）（2018年版）》相继发布，其中全国版负面清单长度已减至48条，自贸区版负面清单也压缩至45项，大幅度放宽市场准入。在地方层面，各地也陆续推出相应的扩大开放举措，例如上海在2018年7月发布了"扩大开放100条"。受惠于扩大开放新政，美国特斯拉公司已与上海市政府开展合作，未来将在上海临港独资建设一个超级工厂，成为中国放开外资企业股比限制后的第一家独资汽车品牌。未来，伴随着中国持续扩大开放，国外新能源车、智能型汽车、小品牌汽车将更多地进入中国市场。

在贸易便利化方面，持续的制度创新使进口商品来到中国的通关时间进一步缩减，通关成本进一步降低，这些都为提升企业竞争力创造了条件。例如，2017年3月1日启动的浦东进口非特殊用途化妆品备案试点政策，使得进口非特化妆品在国内的上市流程大大缩减，国内消费者可以在最短的时间里购买到国外的应季化妆品。除了香奈儿、乐金、伊丽莎白雅顿等本身就已将总部设在区内的跨国化妆品公司之外，强生、汉高、欧莱雅等也纷纷选择在此完成货物清关。据悉，中东欧16国商品

---

① 王歆悦：《红星美凯龙国际贸易公司总裁：消费端对进口商品需求日益增长》，2018年8月3日，https://www.thepaper.cn/newsDetail_forward_2309173。

中心的设立，也是上海外高桥保税区海关创新备案制度的结果。由此，拥有世界四分之三以上玫瑰品种的保加利亚得以在沪专设独立的"保加利亚玫瑰馆"，玫瑰精油、玫瑰丝巾等主题产品展示，相关商户不需要注册公司，就能快速进入中国市场。[1]再如，纽仕兰新云主要从事将原产于新西兰的乳制品引进到中国市场销售，过去进口乳制品的检验检疫需要7—8天的时间，再加上空运，等到产品上架，保质期只剩下一半不到的时间。这不但影响消费者的消费体验，也影响了企业销售，使得优质的进口产品失去了竞争力。得益于2018年年初上海出入境检验检疫部门与长宁区政府推出的"快检快放＋外检内放"验放分离模式，鲜奶从新西兰牧场直达中国消费者餐桌只需要3天。董事长盛文灏曾非常生动细致地勾勒了通关便利之后新西兰鲜奶的"时空之旅"：

> 第一天凌晨3—4点奶牛挤奶结束后，原奶会在5—7点进入生产基地进行巴氏杀菌和灌装，在两小时内"锁鲜"。下午16点前，成品牛奶会进入货站进行检测，第二天中午运抵奥克兰机场，晚上9—10点就会搭乘东方航空专机奔赴浦东国际机场。北京时间第三天早晨6点左右落地后，中午12—15点通过海关，清关放行，晚上18点就可以到达零售终端。[2]

可以说，伴随着消费升级和产业升级大潮，以举办进口博览会为契机，中国扩大进口正在给全球各地的企业带来巨大的市场商机。中国市场成了各方竞相挖掘的金矿，而一系列旨在促进投资贸易便利化的扩大开放政策，也为中国持续释放市场红利营造了良好环境。

---

[1] 李晔：《"一带一路"国家产品进口增加，上海关区去年税款优惠知多少？》，2018年3月24日，https://www.jfdaily.com/news/detail?id=83686。

[2] 吕进玉：《纽仕兰新云董事长盛文灏：中国下一轮发展的引擎是内需市场》，2018年6月14日，https://www.yicai.com/news/5431989.html。

四、普通消费者机遇

进口博览会的举办和我国持续扩大进口，将给无数普通消费者带来怎样的机遇呢？这是大家最为关心的问题。

近年来，伴随着消费升级的趋势，通过海淘、代购、跨境电商、跨境直销店等各种渠道，进口商品正越来越多地走进中国寻常百姓家。最初，许多人选择购买进口商品主要是用于育儿。有人曾这样形容自己"亲子"的一天：将从新西兰进口的奶粉装在美国产的奶瓶里喂养孩子，再用日本的洗涤液清洗餐具，出门散步把孩子放进德国产的童车，回家则为他们浇上法国浴液洗澡，再撒上美国的爽身粉。奶粉、维生素、果泥等食品，尿不湿、牙刷、衣服等育儿产品，是中国消费者购买进口商品中的大头，其中以美国、德国、新西兰和日本的品牌最多。①慢慢地，随着人们日益增长的对美好生活的需要，对进口商品的选择范围变得更为广泛，了解程度也更加深入，无数中国消费者日益成为影响全球市场走向的重要力量。

在中国，进口食品正在成为吃货们的"新宠"。在首届进口博览会招展过程中，食品及农产品展区展位就是外商眼中的"抢手货"。得益于跨境电商发展和贸易便利化政策，中国普通人能够享用的全球各地优质食品变得越来越多。巴西的松子、蜂胶，俄罗斯的糖果、饼干，印度的手工艺品、香料，南非的西柚、红酒，菲律宾的7D芒果干，印度尼西亚的果蔬干、丽芝士，越南的LIPO面包干等特色产品已成为跨境电商平台上的热销产品。斯里兰卡的锡兰红茶逐渐从潮流新品变成大众商品，来自阿根廷、巴西、日本、马绍尔群岛等地的红虾、金枪鱼、墨鱼、银鳕鱼，来自

---

① 王政：《从海淘到跨境电商：进口商品走进中国寻常百姓家》，2015年6月12日，http://finance.chinanews.com/it/2015/06-12/7340994.shtml。

俄罗斯的帝王蟹、厄瓜多尔的南美白对虾、新西兰的青口贝、波士顿大龙虾、越南巴沙鱼等越来越多地走上了中国人的餐桌上。对于喜爱鲜果的人而言，智利樱桃、墨西哥牛油果、秘鲁牛油果、新西兰猕猴桃、新西兰爱妃苹果、新西兰柠檬、美国加州新奇士橙、澳大利亚红橙、南非橙、菲律宾菠萝、厄瓜多尔皇帝蕉、哥斯达黎加香蕉、泰国榴梿、泰国椰青、泰国金标龙眼、越南火龙果等来自世界各地的鲜果都已能便捷及时地买到。

在上海口岸，2017年水果年进口量首次突破100万吨，货值接近13亿美元，较2016年大涨30%，香蕉、橙子、樱桃和猕猴桃等热销水果的货值均达到2亿美元以上。这一年，秘鲁蓝莓、哥斯达黎加菠萝、智利油桃、新西兰柿子以及马来西亚菠萝等首次进入中国市场，而在华经营已久、以健康为卖点的牛油果进口货值则首破高价阻力，超过5 000万美元。来自智利等国的樱桃每月进口接近3 000吨，且在樱桃生产国普遍减产的情况下，上海口岸进口量仍较2016年同期增长20%。事实上，从2014年起，东航、国航、南航等航空公司就在上海至美洲航线上专门开辟了樱桃包机业务，每架包机最大可装载约85吨樱桃；上海出入境检验检疫局推出分类管理、无纸化报检等便利措施，对樱桃采取"边检边放"和"快检快放"举措，确保新鲜、安全的樱桃尽快进入市场。①

在盒马鲜生的门店里，澳洲龙虾、法国生蚝、智利帝王蟹、挪威北极鳕、加拿大北极贝等各类国外水产品已很常见，人们在此可以轻松地享受一顿进口海鲜大餐。（参见图4.4。）同时，伴随着贸易便利化的推进和冷链物流的普及，加拿大的新鲜水产品"直送"中国消费者已成为现实。据悉，在渔民捕捞12小时内，这些水产品就会抵达位于温哥华等地的加工厂，加工厂在6小时内完成必要的切割、加工和包装

---

① 李晔：《航空公司包机送智利樱桃，进口牛油果首破高价阻力》，2018年1月10日，https://web.shobserver.com/wx/detail.do?id=76424&time=1524236067703。

图4.4　盒马鲜生门店海鲜柜台　邹　磊/摄

程序，再经12小时的飞机直航到达上海、北京、广州和郑州等地，落地2小时内就能完成清关配送。加上国内冷链配送的时间，一线城市的消费者在36小时内就能享用最新鲜的三文鱼、生蚝、龙虾、象拔蚌等"洋水产"。[①]同样，现在新西兰的优质鲜奶最快只要72小时就能从当地的牧场来到中国消费者手中。

　　在宁波举办的第四届中国—中东欧贸易博览会跨境电商对接会上，拉脱维亚的饮料、蛋糕、巧克力，匈牙利的葡萄酒和橄榄油，波兰、立陶宛的玛瑙和琥珀，捷克的水晶，保加利亚的乳制品和玫瑰制品，斯洛伐克、罗马尼亚的休闲食品，都受到国内消费者和采购商的青睐。

　　在上海举办的"2018一带一路名品展"上，伊朗的纯手工波斯地毯和玫瑰精油，斯里兰卡的红蓝宝石和红茶，波兰的波罗的海琥珀，

———————

　　① 周蕊、许晓青：《中国扩大开放　居民餐桌上"洋食品"越来越多》，2018年7月2日，新华社客户端上海频道。

尼泊尔的唐卡，古巴的雪茄，法国的波尔多红酒，泰国的乳胶枕，马来西亚的咖啡，立陶宛的彩绘盘，马达加斯加的海洋玉髓，英国的皇家御用品，加纳的乌木雕刻，保加利亚的果酱，巴西的水晶，厄瓜多尔的鳄鱼皮制品，墨西哥的龙舌兰酒和克罗地亚松露酱……上海市民在家门口就能够买到以往很难接触到的特色产品。[①]

根据第一财经商业数据中心和天猫国际的大数据分析，90后和95后人群是进口消费新势力，爱尝鲜、轻奢生活、抗初老则是他们的三大消费特征，进口消费满足了他们个性化、多样化、高端化的消费需求。除了来自日本、美国、澳大利亚、德国、韩国五大传统进口国家的产品外，希腊、智利、波兰、匈牙利、西班牙这五个小众国家成为2017年进口消费人群追捧的前五大进口产品国别。就产品偏好而言，一、二线城市的90后在2015—2017年购买增长最快的多为提升生活品质和居家的品类，如猫零食、空气净化剂、牙齿美白脱色剂、葡萄酒、玫瑰精油、无线/蓝牙音箱等；而95后购买增长最快的多为关注自我需求的品类，如牙齿美白脱色剂、瘦脸机/瘦脸工具、面膜粉等。[②]

除了商品种类日益丰富、到手时间不断缩短之外，普通消费者购买进口商品的价格也呈下降趋势。

一方面，这归功于近年来我国积极实施自由贸易区战略。据商务部介绍，目前我国已与24个国家和地区签订16个自由贸易协定，已经生效实施的有15个，涵盖8 000余种零关税的进口产品。以农产品为例，消费者一年四季都可以品尝到来自不同产地、质优价廉的农产品。东盟的榴梿、荔枝、火龙果等热带水果，冰岛的三文鱼，格鲁吉

① 徐晶卉：《43个国家商品汇聚"2018一带一路名品展"，这些商品你都见过吗？》，2018年6月29日，http://wenhui.whb.cn/zhuzhan/ms/20180629/202181.html。
② 第一财经商业数据中心、天猫国际：《2017天猫国际年度消费趋势报告》，2018年2月6日。

亚和智利的红酒均已降为零关税，新西兰的牛肉和奶粉等特色农产品等也有较大幅度的降税。以工业品为例，瑞士部分化妆品进口关税已经降为零，部分手表进口关税降低了50%，并将在几年后降为零关税；韩国的电冰箱、电饭锅、按摩仪、美容仪等产品进口关税降低了40%，并将在几年后降为零关税。[①]

另一方面，这受惠于近年来我国持续下调进口商品关税。从2015年起，我国就开始降低群众境外消费比较集中、国内一时供给不上的优质产品进口关税，如毛制服装、部分鞋靴、太阳镜、护肤品、纸尿裤、箱包、家用设备、部分特色食品和保健品等。2017年7月，习近平总书记在中央财经领导小组第十六次会议上强调，"要改善贸易自由化便利化条件，切实解决进口环节制度性成本高、检验检疫和通关流程繁琐、企业投诉无门等突出问题。要研究降低有些消费品的关税，鼓励特色优势产品进口"。[②]此后，在博鳌亚洲论坛2018年年会开幕式上，习近平又宣布"我们将相当幅度降低汽车进口关税，同时降低部分其他产品进口关税，努力增加人民群众需求比较集中的特色优势产品进口"。在首届中国国际进口博览会开幕式上，习近平再次强调，"中国将进一步降低关税，提升通关便利化水平，削减进口环节制度性成本，加快跨境电子商务等新业态新模式发展"。李克强总理在《政府工作报告》和国务院常务会议上也多次指出，要进一步降低日用消费品和抗癌药物进口关税，切实减少中间流通环节，清理不合理加价，让广大消费者真正感受到降税带来的好处。[③]

①　商务部：《商务部召开例行新闻发布会》，2018年1月11日，http://www.mofcom.gov.cn/xwfbh//20180111.shtml。

②　新华社：《营造稳定公平透明的营商环境　加快建设开放型经济新体制》，《人民日报》2017年7月18日。

③　中国政府网：《为什么要进一步扩大进口？听听李克强怎么说！》，2018年6月15日，http://www.gov.cn/premier/2018-06/15/content_5298754.htm。

从2018年7月1日起，我国降低1 449个税目日用消费品的进口关税税率，涉及《中华人民共和国进出口税则》中消费品税目总数的70%以上，是前四次降税总数的7倍，一般贸易额约380亿美元。平均税率由15.7%降为6.9%，平均降幅55.9%，其中医药健康类商品降税幅度高达91.6%。在本次调整中，为稳定政策预期，主动扩大对外开放，将直接调整相关商品的最惠国税率。此次降税商品涵盖人民群众日常生活直接需要的各类消费品，就具体降税商品而言：

一是服装鞋帽、家居百货、文体用品类，降低大衣、外套、衬衫、长裤、运动服、婴儿服装等各类服装，运动鞋、塑料鞋、皮鞋等各类鞋靴，帽类，箱包，家纺，厨房用品，钟表，体育健身用品等的进口关税，涉及894个税目，平均税率由15.9%降至7.1%。

二是家用电器类，降低洗衣机、冰箱、空调、电视机、电扇、洗碗机、电动牙刷、榨汁机、食品研磨机、电动剃须刀、吸尘器、热水器、饮水机、空气净化器、水净化器、电饭锅、面包机、烤箱、咖啡机、照相机等的进口关税，涉及98个税目，平均税率由20.5%降至8%。

三是食品饮料类，降低养殖、捕捞的鱼、虾、蟹、贝、螺等水产品，香肠、饼干、糕点、矿泉水、果汁、冰淇淋、罐头、调料等加工食品的进口关税，涉及387个税目，平均税率由15.2%降至6.9%。

四是日化用品和医药健康类，降低洗涤用品、护肤品、美发产品、香水、口腔清洁用品及部分医药健康类产品等的进口关税，涉及70个税目，平均税率由8.4%降至2.9%。①

2018年以来，除了日用消费品之外，还有两类和人们生活关系极其密切的进口商品降低了关税，分别是抗癌药物和汽车。两类商品的

---

① 国务院新闻办公室：《国新办举行降低日用消费品进口关税有关情况吹风会》，2018年6月1日，http://www.scio.gov.cn/32344/32345/37799/38405/index.htm。

功能在本质上是一致的，抗癌药物让人的生命之旅走得更远，汽车则让人在空间距离上走得更远。

先看抗癌药物。当前，癌症已成为威胁人民群众生命健康的"头号杀手"，而不少专利、独家的"天价"抗癌药则让患者及其家庭"望药兴叹"。据悉，我国每年新发癌症病例超350万，发病率和死亡率近年均不断攀升。初步统计显示，我国已上市抗癌药品138种，2017年总费用约为1 300亿元。[①] 2018年3月，李克强总理在回答全国"两会"中外记者提问时表示，"一些市场热销的消费品，包括药品，特别是群众、患者急需的抗癌药品，我们要较大幅度地降低进口税率，对抗癌药品力争降到零税率"。[②] 此后，国务院常务会议决定对进口抗癌药实施零关税，并鼓励创新药进口。李克强总理强调："进口抗癌药仅降到'零关税'还不够，必须采取综合措施，从多环节、多渠道层层压减进口抗癌药品价格"，"要让患者及家属对急需的进口抗癌药价格降低有切实感受！"[③] 为了让更多患者用得上、用得起好药，自2018年5月1日起，以暂定税率方式将包括抗癌药在内的所有普通药品、具有抗癌作用的生物碱类药品及有实际进口的中成药进口关税降为零。据测算，如果零关税落地加上纳入医保，以治疗肺癌的第三代口服靶向药物为例，每个月能为患者节省上万元药费。[④] 随着较大幅度降低抗癌药生产、进口环节增值税，采取政府集中采购、将进口创新药特别是抗癌药纳入医保报销目录，加快创新药进口上市等多项综合措施的陆续出台，未来国内患者尤其是癌症患者的经济负担有望进一步减轻，用药也有了选择。

---

① 吉蕾蕾：《进口更多好药　降低患者负担》，《经济日报》2018年5月23日。
② 新华社：《李克强总理会见采访"两会"的中外记者并回答提问》，《人民日报》2018年3月21日。
③ 中国政府网：《李克强：进口抗癌药仅降到"零关税"还不够》，2018年4月13日，http://www.gov.cn/premier/2018-04/13/content_5282287.htm。
④ 祝乃娟：《期待扩大抗癌药进口带来鲶鱼效应》，《21世纪经济报道》2018年5月8日。

再来看汽车。从2018年7月1日起，我国降低部分汽车关税，其中税率分别为25%、20%的汽车整车关税降至15%，税率分别为8%、10%、15%、20%、25%的汽车零部件关税降至6%。降税后，我国汽车整车最惠国算术平均税率为13.8%，税率介于3%—15%，所有汽车零部件的最惠国税率均为6%，已比同处于发展中的国家平均水平低。据国务院关税税则委员会办公室介绍，以9座及以下小型客车横向比较看，我国关税税率为15%、欧盟为9.8%、韩国为8%、印度为60%、巴西为35%。①以在我国市场指导价约90万元的进口汽车为例，该车进口到岸价24万元人民币，关税税率25%时，关税税额为6万元，占厂商在我国市场指导价的7%。此次降税后，关税税率由25%降为15%，这款进口车将征收关税3.6万元，相比降税前减少2.4万元。此外，2018年，我国在原有9个汽车平行进口试点的基础上，还在内蒙古等8个地区再增设8个试点，以推动平行进口汽车市场乃至整个汽车市场实现更高质量的发展，丰富了消费者的购车选择。

那么，随着我国持续扩大进口和下调关税，价格是否也会立刻降下来呢？这是消费者普遍关心的问题。

这需要一分为二来看。一方面，降低关税在一定幅度上降低了进口成本，促进了商家间的竞争，也使企业有了让利促销和商业推广的空间。对于以成本为基础定价的大众消费品降税，总体上有助于促进市场降价。另一方面，关税是根据商品的进口价格而非国内市场价格征收的，影响日用消费品市场价格的因素除关税以外，还包括流通成本、品牌定价和营销策略等。对于中高端的日用消费品，受到国外品牌"调高中国定价"的策略，市场销售价格通常是进口价格数倍以上。抽样调查表明，关税在市场零售价格中占比仅为0.4%—6.5%，例如一

---

① 李丽辉：《以开放促发展　更好满足消费升级需求》，《人民日报》2018年5月23日。

种名牌的香水，国内售价700元，进口关税只有6.2元。^①同理，从汽车售价看，关税与厂商市场指导价之间有一定联系，但汽车是否降价以及降幅多少并不必然立刻与关税下调挂钩。因此，对进口的中高端消费品而言，关税对市场零售价格的短期影响是有限的。但是，从长期发展角度来说，随着进口商品品类和品牌越来越多，市场竞争越来越充分，价格还是会呈现一个合理下降的趋势。

　　简言之，以承办进口博览会为契机扩大进口，中国普通消费者将更广泛地与全球优质商品亲密接触，对美好生活的需求将持续得到满足，也在某种程度上不断参与到全球市场、全球生产网络的建构中。从长期趋势来看，商品种类将更丰富，购买价格将更便宜，到手时间也将进一步缩短，真正实现"身在中国，买遍全球"。

① 国务院新闻办公室：《国新办举行降低日用消费品进口关税有关情况吹风会》，2018年6月1日，http://www.scio.gov.cn/32344/32345/37799/38405/index.htm。

第五章 中国扩大进口的国际效应

　　进口是商品和服务在国家间流动的重要渠道，具有天然的国际属性。一个具有强大进口需求和能力的大市场，将对各国和世界经济产生潜移默化且不可低估的重要影响。作为全球最主要的生产基地，中国的"世界工厂"地位和贡献早已有目共睹。今天，各方越来越关注和期待中国内需消费市场释放的机遇红利，它在体量上已具有"世界市场"规模和潜力。以举办进口博览会为契机，中国向全世界展现了主动开放本国市场、持续扩大进口的坚定立场。那么，伴随着"中国市场"的快速崛起，扩大进口将产生怎样的国际效应，对进口对象国和全球经贸格局分别有哪些影响呢？

一、"中国市场"的崛起

近年来，我国境外旅游人次和消费金额屡创新高，越来越多的普通中国人有了玩转世界、买遍全球的机会与体验。各国尤其是当地商家也日益感受到了中国游客强大的支付能力，将之视作不容错过的巨大商机。出境游的火爆，既显示了当前国内优质产品、服务的供给不足，更反映出了相当一部分中国消费者群体对更高品质生活的强烈向往和实现能力。在这背后，则是一个规模庞大、需求多元、结构不断优化的"中国市场"的快速崛起。

许多国内外机构和观察者都已注意到中国内需消费市场正在发生的重大变化。**首先是市场规模的持续扩大。**外交部长王毅指出，"中国的潜在市场规模是美国的3到4倍，而且正在不断从潜在变为现实，则是一个可以预见的未来前景"。[1]波士顿咨询认为，即便GDP实际年增长率跌至5.5%，到2020年中国的消费者经济也将增长到6.5万亿美元。从2016—2020年，仅2.3万亿美元的增量就相当于今日德国或者英国市场的1.3倍。[2]英国的经济学人智库则预测，从2016—2030年，中国市场个人消费的增量将超过2016年欧盟消费的总量。[3]麦肯锡认为，以中国为代表的新兴市场的中产阶级消费群体将成为全球消费的驱动力量，到2020年，仅中国网络零售市场的规模可能就会达到美

---

① 外交部：《王毅部长在中拉经贸合作论坛暨中拉企业家理事会开幕式上的即席致辞》，2018年1月24日，http://www.fmprc.gov.cn/web/wjbzhd/t1528289.shtml.
② Youchi Kuo, "3 great forces changing China's consumer market", January 3, 2016, https://www.weforum.org/agenda/2016/01/3-great-forces-changing-chinas-consumer-market/.
③ 经济学人智库：《中国消费者2030年面貌前瞻》，2016年11月。

国、日本、英国、德国和法国目前市场规模的总和。[1]《金融时报》首席经济评论员马丁·沃尔夫指出，2007—2017年中国家庭消费总额从仅为美国的13%升至34%。若按当前经济增速，2026年中国经济规模与美国大致相等（以美元计算）之后，2027年中国的消费总额或可达到美国的74%；即使考虑到中国经济增长速度的可能下行，2027年中国的消费总额仍会达到美国的55%。随着中国从"世界工厂"向"世界重要消费市场"转变，中国将为全球企业提供一个规模巨大、增长迅速、具有挑战性的消费市场。[2]中国内需消费市场的快速扩大趋势也可以从进口角度得到佐证。早在2013年，联合利华公司董事会主席泰斯库就观察到，"过去集装箱都是空箱到中国，再把中国生产的商品运出去，现在（到中国）80%的空箱率已经降到20%"。[3]今天，行驶在新丝绸之路上的中欧班列也不再是"满车去、空车回"，从最初的木材、汽车零部件到现在的超级跑车、钢琴、葡萄酒、果汁、牛奶，越来越多来自欧洲的优质商品经由中欧班列进入中国市场。

其次是消费结构的优化升级。例如，贝恩咨询与世界经济论坛预测，未来10年，中国人消费商品和服务的方式将发生改变，家庭消费将以年均6%的速度增长，日趋壮大的中等收入群体、规模庞大的老龄化人口、数字化时代出生的年轻人口都将产生各自新的消费需求。更多的支出将从必需品转向可自由支配的产品类别，产品和服务的个性化和客户定制将成为常态。[4]彭博社认为，中国的消费性质已出现改

---

① ［美］多布斯等：《麦肯锡说，未来20年大机遇》，谭浩译，广东人民出版社2016年版，第10页。

② Martin Wolf, "Consumption to replace investment as key to China growth", May 30, 2018, https://www.ft.com/content/627ab75c-4256-11e8-97ce-ea0c2bf34a0b.

③ 王希等：《"世界市场"："世界工厂"的另一面》，2013年3月24日，http://finance.people.com.cn/n/2013/0324/c70846-20895978.html。

④ 贝恩咨询、世界经济论坛：《在快速增长的消费者市场中塑造消费的未来——中国篇》，2018年1月。

变，即消费不再围绕着生活必需品，衣服和主食的消费份额正在不断下降，而保健和绿色食品、智能手机和平板电脑、体育用品和设备、时尚和个性化的家居用品、汽车和美容产品所占的消费份额却在不断上升。消费者将减少对有形商品的支出，而增加服务方面的支出，不断增加的可支配性收入流向了电影院、旅游和保健产品。[①]波士顿咨询集团与阿里研究院的联合研究显示，到2021年，每月可支配收入12 000元以上的家庭将超过1亿户，他们将共同拉动75%的消费增长，出生于1980年后的年轻消费者的贡献率达到69%，线上线下融合渠道将推动42%的总体消费增长，这些变化将深刻重塑中国经济与消费者市场。[②]

可以说，伴随着中国经济的快速发展，我国内需消费市场的规模和结构都在发生深刻变化。普通消费者对高品质商品的需求，对医疗、教育、文化、保健、养老、旅游、信息、游戏等服务的需求，都比以往更加强烈，实现途径也更为多元便捷。相应地，"中国市场"对全球经济的溢出带动效应也日益显著。据统计，2013—2016年，中国最终消费对全球消费增长的年均贡献率已是世界第一，7.5%的年均增速也远高于美国、欧元区和日本。[③]2018年1月，刘鹤在参加达沃斯论坛时指出，"中国经济内需稳步扩大，目前中国消费对经济增长贡献率达到58.8%，比5年前提高了近4个百分点。经过多年发展，中国已经出现了4亿人左右、世界上人口规模最大的中等收入群体，将对全球的发展作出重大贡献"。[④]据观察，今天全世界每卖出3辆汽车，就有1辆是中

---

① 邬眉编译：《外媒称世界工厂时代已经过去　中国正成为"世界消费者"》，2018年1月1日，http://www.cankaoxiaoxi.com/china/20180101/2249940.shtml。
② 波士顿咨询、阿里研究院：《中国消费新趋势：三大动力塑造中国消费新客群》，2017年6月28日。
③ 国家统计局综合司：《中国的发展是世界的机遇》，2018年4月12日，http://www.stats.gov.cn/statsinfo/auto2074/201804/t20180412_1593480.html。
④ 刘鹤：《推动高质量发展　共同促进全球经济繁荣稳定》，2018年1月24日，https://www.yicai.com/news/5395009.html。

国人购买；中国城镇家庭户均消费生鲜客单价达15美元，年度购买频次121次；2017年全球新增保费中近八成源自中国市场，中国取代日本成为亚洲最大寿险市场。[1]同时，中国有近8亿网民，已是全球最大的智能手机消费国和移动支付、网络零售市场，电影和运动装市场也仅次于美国，全球汽车业已非常依赖中国，而美容业和体育产业的全球业务中有很大份额都来自中国。在奢侈品消费方面，中国消费者同样展现出了强大的购买能力。仅以钻石为例，2006—2016年中国的钻石零售额翻了三番，是全球仅次于美国的第二大钻石消费国，预计未来5年仍将以10%左右的速度增长。[2]

"中国市场"的崛起激发了对外国优质商品、技术和服务的巨大进口需求，而中国同时作为"世界工厂＋世界市场"的双重属性意味着，扩大进口具有全方位、多领域和持续性的特征。以下将以首届进口博览会7个商业展区涉及领域为例进行说明。

在食品及农产品领域，中国已成为全球最大的农产品进口国，进口额占全球农产品贸易额的1/10，2004年以来农产品贸易持续逆差，粮棉油糖肉奶等大宗农产品全部净进口，2008—2017年的年均进口复合增长率达8.8%。[3]据农业部统计，2017年我国农产品进口额1 258.6亿美元，增长12.8%。其中，食用油籽（包括大豆）、畜产品（包括猪牛羊肉）、水产品和水果进口额分别达到430.2亿美元、256.2亿美元、113.5亿美元和62.6亿美元，合计占总进口额的68.5%。[4]据海关总署统计，2017年我国共从187个国家和地区进口食品582.8亿美元，同

① 吴秋余：《让开放成果惠及中国和世界》，《人民日报》2018年5月18日。
② 德永健：《安特卫普钻石中心：2017年对华出口近30亿美元钻石》，2018年3月17日，http://fortune.chinanews.com/cj/2018/03-17/8469728.shtml。
③ 林丽鹂：《为丰富百姓餐桌提供更多选择》，《人民日报》2018年5月22日。
④ 农业部国际合作司：《2017年1—12月我国农产品进出口》，2018年1月26日，http://www.moa.gov.cn/ztzl/nybrl/rlxx/201801/t20180131_6136047.htm。

比增长25%，近5年间进口食品贸易额年均增长率为5.7%。进口食品贸易额列前10位的分别为欧盟、美国、新西兰、印度尼西亚、加拿大、澳大利亚、巴西、马来西亚、俄罗斯和越南；肉类、油脂及油料类、乳制品类、水产及制品类、粮谷及制品类、酒类、糖类、饮料类、干坚果类和糕点饼干类等则是主要进口食品种类。①对很多消费者来说，进口食品及农产品已非昔日的高档奢侈品，而是司空见惯的日常消费品，加拿大龙虾、阿根廷红虾、智利帝王蟹、乌拉圭牛腩、挪威三文鱼、泰国榴梿、越南火龙果、智利樱桃、新西兰猕猴桃和美国新奇士橙等都已能轻松买到。此外，我国已成为全球葡萄酒消费增长最快的市场，大众普遍倾向于选择进口葡萄酒，各种品类、产地、档次的葡萄酒都能在中国市场找到一席之地。2013—2017年，中国进口葡萄酒总量由3.77亿升增长到7.46亿升，5年翻了一番。②未来，伴随着进口环节成本和时间的持续压缩，我国普通消费者无需出国就能"吃遍全球。"

在消费电子及家电领域，中国从2013年起就已超越美国成为全球最大市场。近年来，我国居民海外"抢购"电饭煲、马桶盖的新闻不绝于耳。国际权威调研机构捷孚凯发布的《2017全年中国电子家电行业报告》显示，2017年我国消费电子及家电市场规模首次突破2万亿元。其中，包括冰箱、洗衣机、空调、彩电、厨房电器在内的大家电市场零售额达到1 759亿元，一级能耗空调、大容量洗衣机、多门冰箱、55英寸大屏电视等增长势头迅猛；小家电市场规模(不含热水器)则预计达到2 180亿元，涌现出了蒸汽拖把、冲牙器、头部按摩仪、睡眠仪等新商品，作为智能家居入口的智能音箱销售超过150万台。当

---

① 海关总署：《海关总署通报2017年中国进口食品质量安全状况》，2018年7月20日，http://www.customs.gov.cn/customs/302249/302425/1939553/index.html。

② 陈若萌：《中国将在三年内成全球第二大葡萄酒市场》，《21世纪经济报道》2018年4月2日。

前，消费电子及家电消费需求呈现出多元化趋势，年轻人追求个性化、高科技产品，如壁画空调、壁画电视、柜式洗衣机等；多口家庭则更青睐大容量、健康产品，如大容量冰箱、分类洗涤洗衣机等；老年人则更侧重于简单便捷、易操作，如洗碗机、语音播报产品等。[1]未来，智能手机、平板电脑、智能可穿戴设备、家庭服务机器人、智能安防设备、智能空调、智能冰箱、消费级无人机、家用车载设备、智能健康管理设备等将越来越多地进入普通人生活中。2017年，我国消费电子及家电进口额631亿美元，同比增长5.7%。未来5年，预计进口总额将超过3 800亿美元，来自国外的最新优质产品将有更多用武之地。[2]

在服装服饰及日用消费品领域，我国长期以来就是全球最重要的生产和出口基地，为世界各国消费者提供了大量物美价廉的生活必需品。2017年，仅"服装及衣着附件"一项的出口金额就超过1万亿元，位居当年我国主要出口商品的前三位。[3]近年来，伴随着收入增长和审美品位日趋多元化、个性化，除了外国品牌在华直接销售之外，越来越多的中国消费者选择通过代购、海淘、境外购物、跨境电商等渠道购买外国服装、箱包、手表、化妆品及其他日用消费品。庞大的人口基数和强劲的消费能力，是任何国外品牌和商家都不可能错过的巨大市场。据海关总署统计，2017年我国主要消费品进口中，衣着鞋帽类进口额862.6亿元、日化用品类进口644.2亿元、钟表进口149.3亿元，同比分别增长17.8%、38.1%和20.5%。[4]若将我国居民境外购物

① 捷孚凯：《2017全年中国电子家电行业报告》，2018年2月7日。
② 中国国际进口博览局：《10万亿市场的历史机遇》，《中国投资》2018年第13期，第40页。
③ 海关总署：《2017年12月全国出口重点商品量值表（人民币值）》，2018年1月12日，http://www.customs.gov.cn/customs/302249/302274/302275/1416444/index.html。
④ 海关总署：《2017年我国消费品进口值首次突破1万亿元》，2018年1月31日，http://www.customs.gov.cn/eportal/ui?pageId=696401&currentPage=1&moduleId=803a199eac704a97a8ea1f0a18cb3a0e。

的巨额支出计算在内，则每年实际购买外国服装服饰及日用消费品的规模更为可观。在天猫国际、网易考拉、京东全球购、小红书等跨境进口电商平台上，美妆个护、食品保健、母婴用品、服饰鞋包、数码产品等都居于销量前列。以天猫国际为例，美妆护理产品的热度逐年提升，在2017年已占据总销售额的三成，其中护肤和彩妆品类占比最高。一、二线城市90后和95后女性消费者人数占比接近50%，消费金额占比接近40%，她们的消费需求更为精细，购买品类也更多样。[①] 从2018年7月1日起，我国进一步下调日用消费品进口关税，其中服装鞋帽和钟表类的平均税率由15.9%降至7.1%，日化用品类的平均税率由8.4%降至2.9%。未来，除了欧美大品牌之外，也会有越来越多的国外优质中小品牌登陆中国市场，我国消费者的购买成本有望持续降低，选择种类也将大大增加。

在医疗器械及医药保健领域，伴随着居民可支配收入增长和人口老龄化趋势，我国相应的消费和进口也都在持续扩大。据估计，中国医疗器械市场规模已超过3 000亿元，预计到2020年市场规模将超过7 700亿元，而大健康产业的市场规模更是将突破10万亿元，成为全球第二大医疗消费市场。[②] 相较于发达国家，我国在医疗产业仍有较大差距，这就为扩大器械和药品进口提供了空间。海关数据显示，2017年我国医疗仪器及器械进口额约656亿元，医药品进口额约1 815亿元。[③] 近年来，许多国外医药企业都在中国实现了业绩高增长，中国市场在其全球事业版图中的地位日益重要。例如，2017年英国的阿斯利康（AstraZeneca）在中国实现了30亿美元的销售额，约占其全球总

[①]　第一财经商业数据中心、天猫国际：《2017天猫国际年度消费趋势报告》，2018年2月6日。

[②]　中国国际进口博览局：《10万亿市场的历史机遇》，第40页。

[③]　海关总署：《2017年12月进口主要商品量值表（人民币值）》，2018年1月23日，http://www.customs.gov.cn/customs/302249/302274/302276/1421206/index.html。

销售额的13%；美国的辉瑞（Pfizer）在华收入占其总收入的7%，仅低于美国和日本。[①]可以预见，当普通中国人对健康生活有了更多期待，当人口结构逐渐转向老龄化，人们对高质量的医疗健康产品和服务供给有了更高的要求。在此过程中，医疗健康产业链各个环节的外国优质企业都有可能从中寻找到自己的商机。

在汽车领域，中国已是世界上规模最大、发展最快的消费市场。近年来，随着居民生活水平提高，特别是部分换车消费群体购买力较强，中国市场已成为跨国汽车企业主要的销量增长点。2017年全国汽车保有量达2.17亿辆，与2016年相比增加2 304万辆。在这一年，全球共售出9 360万辆新车，在中国卖出的就有2 887.9万辆，领先美国1 100多万辆，我国汽车销量连续九年居全球第一。其中，新能源汽车售出77万辆，占全球新能源汽车总销量的60%。[②]2017年，我国进口汽车124万辆，金额3 422亿元，同比增长16.3%，约占总销量的4%。按进口来源地来看，排名前五位的分别是日本、美国、德国、英国、匈牙利，分别进口34.62万辆、28.02万辆、25.42万辆、11.55万辆、4.25万辆，合计占汽车整车进口总量的83.8%。按进口品牌来看，排名前十大的分别是宝马、奔驰、雷克萨斯、丰田、保时捷、路虎、林肯、大众、奥迪和MINI，进口数量合计占75.3%，售价多为30万元以上，基本以中高端车型为主。[③]从2018年7月1日起，我国将汽车整车税率为25%的135个税号、税率为20%的4个税号的税率降至15%，将汽车零部件税率分别为8%、10%、15%、20%、25%的共79个税

---

① Tom Hancock, "Increasingly wealthy Chinese go upmarket in consumer spending", May 30, 2018, https://www.ft.com/content/68eb6bb8-4256-11e8-97ce-ea0c2bf34a0b.

② 陈颖：《去年全世界30%的新车被中国人买了》，2018年5月11日，http://finance.sina.com.cn/chanjing/cyxw/2018-05-12/doc-ihamfahw5115150.shtml。

③ 中国汽车产业网：《2017年中国进口汽车行业发展现状分析》，2018年5月12日，https://www.chyxx.com/industry/201805/640066.html。

号的税率降至6%。从长期趋势来看，这既能给普通消费者带来价格上的实惠，也将促进各外国车企在中国市场的充分竞争。

在智能制造及高端装备领域，中国市场的产值与规模已居于世界前列。高端装备制造业是推动产业转型升级的引擎，近年来我国在智能制造装备、海洋工程装备、民用航空装备、先进轨道交通装备、高端能源装备等多个领域取得积极进展，市场规模持续扩大，但与国际先进水平仍有较大差距。2017年我国高端装备制造业销售收入超过9万亿元，在装备制造业中的占比提高到15%；以此增长率来推算，到2022年销售收入将达到20.7万亿元，占比将攀升至25%。[1]智能制造装备是智能制造的主要载体，能够显著提高生产效率和产品的制造精度，涉及工业机器人、数控机床、智能控制系统、传感器等主要行业。相关研究显示，2017年我国智能制造装备的市场规模突破1.5万亿元，到2020年有望达到3万亿元，已成为世界上最大的智能制造需求市场。[2]其中，2017年我国工业机器人市场规模达42亿美元，占全球份额的27%，连续六年成为工业机器人第一消费大国，预计2020年将扩大至59亿美元。[3]此外，2017年中国人工智能市场规模达到237亿元，近五年来的年均增长率超过40%。[4]随着我国大力推进产业升级和自主创新，我国智能制造及高端装备制造发展将步入加速期。在此过程中，中国也将适度扩大对国外先进装备和关键零部件的进口，这将给相关行业及制造商带来重要的市场机遇。

在服务贸易领域，我国进出口规模已连续多年位居世界第二。近

---

① 中科院西北研究院：《2017中国高端装备制造业年报》，2018年1月。
② 杨旭文：《传统产业转型持续升级 智能制造装备市场规模突破1.5万亿》，2018年4月10日，https://bg.qianzhan.com/trends/detail/506/180410-3311ed28.html；黄鑫：《我国智能制造推进体系初步形成》，《经济日报》2017年4月2日。
③ 德勤：《中国智造，行稳致远——2018中国智能制造报告》，2018年7月。
④ 清华大学中国科技政策研究中心：《中国人工智能发展报告2018》，2018年7月。

年来，生活性服务消费一直保持较快增长，占我国居民消费支出的比重超过40%，其中旅游、文化、体育、养老、家政等服务消费十分活跃。[①]同时，随着二、三产业加速融合，信息服务、金融服务、交通运输、现代物流、高技术服务、设计咨询等生产性服务业也蓬勃发展。相较于在货物贸易中的优势地位，中国的服务贸易长期处于逆差状态，其中旅游服务是逆差的主要来源。世界贸易组织数据显示，2017年我国服务出口2 260亿美元，占全球服务出口份额的4.3%，位居美国（14.4%）、英国（6.6%）、德国（5.7%）、法国（4.7%）之后；服务进口4 640亿美元，占全球服务进口份额的9.1%，仅次于美国的10.2%。2008—2017年，中国服务进口增量超过3 000亿美元，年均增长13.6%。[②]从细分领域来看，除了运输、旅游、建筑等传统领域保持较快增长之外，我国在保险服务、金融服务、电信计算机和信息服务、知识产权使用费、个人文化和娱乐服务、中医药服务等新兴领域进口扩大趋势明显。2017年，新兴服务进口同比增长10.6%，其中电信计算机和信息服务、知识产权使用费和个人文化娱乐进口同比分别增长54.9%、21%和30.6%。[③]2018年上半年，知识产权使用费服务进口扩大48.11亿美元，同比增长33.6%；运输服务、保险和养老金服务、金融服务进口增长分别达21.3%、25.8%、29.8%；知识密集型生产性服务贸易进口增幅明显。[④]在消费升级和产业升级的带动下，我国将保持对国外优质服务的进口需求，而进口结构也将进一步优化。

简言之，伴随着"中国市场"的崛起，中国对全球各类优质商品、

① 国家发改委：《国家发展改革委举行专题新闻发布会介绍扩大消费有关工作情况》，2018年8月2日，http://www.ndrc.gov.cn/xwzx/xwfb/201808/t20180802_894654.html。
② WTO, *World Trade Statistical Review 2018*, July 2018, pp.192-194.
③ 商务部：《商务部服贸司负责人谈2017年我国服务贸易有关情况》，2018年2月5日，http://www.mofcom.gov.cn/article/ae/ag/201802/20180202708635.shtml。
④ 王拓：《为服务贸易发展注入强劲动力》，《国际商报》2018年8月8日。

技术和服务的需求更为强烈，为各方进入中国市场创造了广阔空间，而中国持续扩大进口也将产生广泛而深远的国际效应。

二、对进口对象国家的影响

伴随着中国的产业升级和消费升级进程，扩大进口将覆盖到高端制造业、先进服务业、日用消费品、优质农产品和资源性产品等各个行业领域。作为"世界工厂＋世界市场"，中国将为各方提供庞大、稳定、可持续的进口需求。对于广大进口对象伙伴而言，这不仅将创造可观的贸易收入、带动相关产业的长期发展，更将创造出持续增长的就业岗位，切实改善和提高对象国人民的福利。

中国已经和即将成为越来越多国家的第一大买家。仅在亚太地区，2017年澳大利亚对华出口约占出口总额的33%，中国市场连续两年占据澳大利亚第一出口市场的榜首位置。自2013年起，中国取代澳大利亚成为新西兰最大的出口市场，2017年新西兰出口增量中有一半就来自中国市场的贡献。[1]同样是在2017年，中国取代美国成为越南的最大出口市场，而在过去15年里美国一直是越南商品的头号买家。2008—2017年，越南对华出口规模飙升了约15倍，而对美出口仅增加了3倍。[2]2018年上半年，中国又超越美国成为日本的第一大出口市场。除此之外，中国已是俄罗斯、韩国、泰国、印度尼西亚、菲律宾、巴西等国家的最大出口对象。就中美经贸关系而言，中国已是美国第三大货物和服务出口目的地，增长势头迅猛，对华出口为美国创造了

---

① 中国驻新西兰克赖斯特彻奇总领馆经商室：《2017年新西兰对华出口增长迅猛》，2018年2月8日，http://christchurch.mofcom.gov.cn/article/jmxw/201802/20180202709937.shtml。
② 崔璞玉：《在亚洲影响力不断扩大　中国取代美国成越南最大出口市场》，2018年4月18日，https://www.jiemian.com/article/2065243.html。

100万个就业岗位。据美中贸易全国委员会统计，2008—2017年，美国对华货物出口增长了86%，而同期美国对世界其他国家和地区的货物出口增速仅为21%，有49个州对华货物出口明显增长；2007—2017年，美国对华服务出口增长超过3倍，而同期美国对世界其他国家和地区的服务出口仅增长50%，有31个州增速超过3倍。[1]

　　中国已越来越多地成为许多国家特定行业最重要的出口市场。在中美贸易摩擦之前，中国是美国飞机、大豆的第一大出口市场，汽车、集成电路、棉花的第二大出口市场，美国出口的62%大豆、17%汽车、15%集成电路、14%棉花以及约25%的波音飞机销往了中国。[2]铁矿石和大豆是巴西最重要的出口货物，分别占该国2017年出口总额的49%和24%，而当年中国从巴西进口的铁矿石和大豆分别约占总量的44%和55%。[3]抓住中国大力发展智能制造的机会，日本的工业机器人订单额也在2017年达到历史最高水平，中国市场贡献了其中40%的出口额。佳沛是新西兰立法通过的唯一从事猕猴桃出口的公司，2017年中国已超越日本成为佳沛的第一大出口市场。澳大利亚的吉龙腾是全球最大的鲜活岩石龙虾供应商，每年出口到全球的岩石龙虾占全球鲜活龙虾类出口量的30%—40%，其中约97%都出口到了中国，是拉动西澳经济的主要动能之一。[4]同样是在2017年，越南果蔬出口值实现了创纪录的34.5亿美元，其中向中国市场出口占比高达79.54%，比2010年增长了37.4倍。[5]由于广西已将越南火龙果、龙眼、山竹等水

① US-China Business Council, *State Export Report*, April 2018.
② 商务部：《关于中美经贸关系的研究报告》，2017年5月25日，第22页。
③ 商务部：《2017年巴西货物贸易及中巴双边贸易概况》，2018年1月29日，https://countryreport.mofcom.gov.cn/record/view.asp?news_id=57604。
④ 澳华视界：《专访西澳岩石龙虾出口商吉龙腾CEO Matt Rutter：公司97%的产品出口到中国》，2018年7月11日，https://www.aokwa.com/show-1-140-1.html。
⑤ 国际果蔬报道：《越南2017年果蔬出口破历史纪录　中国占比79.54%居首位》，2018年3月5日，https://www.guojiguoshu.com/article/3884。

果列入企业进口优惠贷款的水果名单，并与越方共同打造进出口绿色通道，未来越南水果的通关速度将进一步提高。

庞大的中国内需消费市场为各国优质商品提供了大显身手的广阔舞台，日益改变着这些国家过去以欧美为主要目的地的贸易路径。以鲜果为例，2016年智利对华鲜果出口金额达到12.62亿美元，成功取代泰国成为中国第一大鲜果进口来源地，相较于2007年时的0.67亿美元增长了将近19倍。在2007年，中国市场在智利水果总出口中占比尚不到2%，到2017年时已上升至25%。智利全国水果产品工商联主席、前驻华大使路易斯·施密特表示，"10年前，我们想都不敢想有一天能成为中国鲜果进口的第一大来源国。那时我们认为，泰国就像一座大山，我们很难超越它"。[1]虽然迟至2010年才登陆中国市场，但智利樱桃以其颜值高、个头大、甜度高、营养丰富的品质，很快成为智利对华水果出口中的王牌，现在全国生产的85%的樱桃都销往了中国，而过去欧美国家是其主要市场。据悉，鉴于中国市场的成长性和规模性，智利最大樱桃出口商的"二代"已长期驻扎上海。2017年，中国共进口樱桃约10.2万吨，价值7.7亿美元，其中七成左右来自智利。除了自身品质优越之外，智利樱桃的走红背后还与两个因素密切相关：一是由于位处南半球，它的收获季通常在每年的11月到次年1月，临近中国春节，正好弥补了中国应季水果的供应不足；二是中国与智利在2006年开始实施自由贸易区协定，进口关税大幅降低，使其在价格上也具有优势。邻国秘鲁也对扩大对华水果出口跃跃欲试。目前，秘鲁是中国第二大鲜提进口来源地和第三大牛油果进口来源地，芦笋、石榴、藜麦、无花果、释迦果、百香果、火龙果和有机香蕉等蔬果都已

---

[1]　侯露露：《智利，跃升中国第一大水果来源地》，《人民日报》2017年3月27日。

列入出口计划名单中。[①]同在南美的厄瓜多尔也于2017年迎来大丰收，它们首次超越泰国成为中国最大的鲜花供应国，其中出口量上升最快的满天星数量达620吨，而在2015年仅有22吨。[②]

中国市场需求和收益的持续增长，为许多国家的特定行业带来了积极预期，并进而带动了产能的扩张。2017年，日本的机床订单额同比增长31.6%，达到1.65万亿日元，创下10年来历史新高，而以中国为核心的外部需求扩大拉动了整体订单的增长。[③]对于日本各家化妆品厂商来说，对华出口起到了拉动业绩增长的重要作用。受到中国市场的鼓舞，花王和狮王等企业将肥皂、牙膏、洗面奶等日用品出口额增至4年前的近5倍；狮王旗下的口腔护理品牌"Clinica"在日本专门开设生产线，生产中国专供的商品，并附上了中文说明书。[④]东非国家肯尼亚是世界第三大夏威夷果产区，过去种植夏威夷果果树只是用来遮蔽咖啡灌木丛。2017年，肯尼亚夏威夷果产量创下纪录，良好的收益让很多种植者决定舍弃咖啡豆类，将更多精力放在夏威夷果上，而夏威夷果种植的扩张正是受到中国需求的推动影响。[⑤]2017年，吉龙腾将其在澳大利亚的出口基地储备容量扩大了约50%，距离珀斯国际机场仅4千米，可通过空运直送其位于北京、上海、广州的仓储暂养基地。2016年，中国市场独占西班牙猪肉出口总量的45%，超越法国和意大利成为西班牙猪肉最大出口对象。受此预期的影响，西班牙当地的超

---

① 国际果蔬报道：《秘鲁果蔬对华出口现状及未来》，2018年5月7日，https://www.guojiguoshu.com/article/4028。

② 国际果蔬报道：《满天星引领厄瓜多尔鲜花对华出口增长》，2018年6月20日，https://www.guojiguoshu.com/article/4137。

③ 中国驻日本福冈总领馆经商室：《中国需求拉动日本机床订单创新高》，2018年1月16日，http://fukuoka.mofcom.gov.cn/article/jmxw/201802/20180202707295.shtml。

④ 阎睿悦：《日本企业加快了向中国市场销售日用品的速度》，2018年1月12日，https://www.jiemian.com/article/1875350.html。

⑤ 国际果蔬报道：《中国对夏威夷果"胃口大"肯尼亚放弃咖啡改种坚果》，2018年4月25日，https://www.guojiguoshu.com/article/3999。

大型养猪场新建数量快速上升。

　　越来越多的国家将中国市场作为扩大出口的首选之地和新增长点。据外交部长王毅的观察，"现在去美国访问，特别是到美国的地方，各州的州长和企业家最关心的不是中国向他们出口了什么东西，而是他们能向中国出口什么东西。关心并愿意更多进入中国的市场，将成为一个不可阻挡的趋势"。[1]意大利经济发展部新成立中国任务小组，其职能之一即推动该国对华出口和中国游客赴意旅游，致力于进一步推动意大利农业和食品对华出口。在意方看来，"中国巨大的国内市场对高质量产品的需求不断提升。无论从实现出口增长还是吸引外资来看，中国的发展是我们不可错失的良机"。[2]作为希腊最大行业之一的食品业已瞄准中国日益壮大的中等收入群体，后者正迅速成长为橄榄油、蜂蜜、无花果干和羊奶等地中海特产的消费主力。2018上半年，得益于市场准入政策的放宽，挪威三文鱼对华出口量同比暴增548%。在此之前，挪威海产局还发布了"2025计划"，以显示深耕中国市场的决心，力争在2025年前将对华海产品出口总额提高至100亿元人民币。伴随着中国消费者对高品质牛肉的需求，阿根廷已将牛肉看作对华出口贸易新的增长点。在日本，人口减少导致国内住宅市场萎缩，木材贸易商和加工企业加大了出口力度。2017年，日本木材出口额达到40年来的最高水平，来自中国的进口额占总金额的四成。此外，受到环保规定的影响，中国对进口天然气的需求快速上升，这为俄罗斯、澳大利亚、印度尼西亚、卡塔尔、马来西亚、巴布亚新几内亚等国的天然气出口提供了巨大增长空间。

　　对一些国家特定产业的从业者而言，中国市场更是堪称"救星"。

---

　　[1]　外交部：《王毅部长在中拉经贸合作论坛暨中拉企业家理事会开幕式上的即席致辞》，2018年1月24日，http://www.fmprc.gov.cn/web/wjbzhd/t1528289.shtml。
　　[2]　叶琦：《"中国的发展是我们不可错失的良机"》，《人民日报》2018年8月26日。

例如，正是来自中国吃货们的庞大需求，拯救了缅因州渔民代代延续且一度濒临崩盘的龙虾产业。为了开拓中国市场，缅因州先后于2012年和2015年向香港、上海派遣贸易代表团，并在上海设立龙虾贸易专员。在过去几年，缅因州渔民迎来了产量与市场双双飘红的欣喜局面。如今，中国已是美国第二大龙虾出口目的地，排名仅次于加拿大。2010年，向中国出口的龙虾仅占美国龙虾出口总额的1%。但在2016年，这一比例已飙升至14%。在缅因州龙虾经销商协会执行主任安妮·泰丝莉科斯看来，"中国消费者对高质量健康食品的需求不断增大，这正是缅因州龙虾面临的一大利好。如今，缅因州龙虾已经不仅在北京、上海等大城市销售，也正日益走进中国二、三线城市"。[1]

中国市场也正在成为一些发展中国家和不发达国家增创外汇、参与经济全球化进程的重要渠道，中国以举办进口博览会为契机主动扩大进口向这些国家提供了分享中国发展红利的机会。例如，香蕉出口是老挝外汇收入的最大来源，自2013年以来对华出口不断增长，目前已是仅次于菲律宾的中国第二大香蕉进口来源地。大米是柬埔寨重要的出口产品，中国已成为其最大的出口市场，每年约25%的出口大米销往中国。2017年，埃及对华出口鲜橙量从2015年的2.4万吨猛增至10.1万吨，已成为中国进口鲜橙的第三大来源地。[2]根据上合组织成员国、观察员国间的贸易便利化安排，吉尔吉斯斯坦的甜瓜、哈萨克斯坦的苜蓿草和牛肉、印度的大米、阿富汗的松子等特色农产品都将陆续进入中国市场。统计数据显示，2017年中国的货物进口增速明显高于出口增速。在上海合作组织秘书长拉希德·阿利莫夫看来，这说明中国与"一带一路"参与国的关系不是中国商品、服务的单向

---

① 章念生、胡泽曦：《美国对华龙虾出口呈井喷式增长》，《人民日报》2017年11月8日。
② 《埃及成为中国鲜橙进口第三大来源地》，《农民日报》2018年5月29日。

输出，而是一种交互式的合作，"我们有着非常清晰的回馈"。①

为了适应中国市场的新需求，尤其是中国消费者的习惯和喜好，许多国家的行业和企业也都动足了脑筋。例如，近年来新西兰的Envy苹果在上海逐渐走俏，除了自身的高品质之外，还归功于它为自己取了一个讨巧的中国名字——"爱妃"。②智利的水果行业一直在不遗余力地向中国消费者营销该国的新鲜水果，这些推广活动由政府和民间共同资助，2017—2018季的营销预算为500万美元，范围扩大至包括四、五线城市在内的58个城市。以往，意大利出口到中国的食品习惯在印有意大利文、英文的外包装上贴上中文标签，如今不少企业已使用直接印有中文信息的外包装，以此显示对中国市场的重视。美国威斯康星州的花旗参产量约占全美总产量的95%，其中85%销往亚洲市场，中国内地和香港地区又占了亚洲份额中的80%左右。有些大型农场种植的花旗参产品在中国市场出售时，包装上都有专门针对中国消费者设计的二维码。③传统上，中国春节期间正是缅因州龙虾行业的淡季，但如今这个季节却成了全年最繁忙的时段之一。当地渔民对中国节日了如指掌，因为中秋节、春节期间龙虾需求量大增，需要备足货。④为了适应中国禁止在猪饲料中添加促进生长的莱克多巴胺的规定，加拿大的养猪业已几乎全部停用这种药物，这种顺势而为使加拿大的对华猪肉出口超过了美国，也带动美国的一些大型养猪场开始养殖更多不含莱克多巴胺的生猪。越来越多的外国商品已进驻中国的跨境电商平台和线下零售店，各类进口鲜果、蔬菜、海鲜、乳品、零食、

---

①　周锐：《上海合作组织秘书长："一带一路"倡议有伟大的未来》，2018年6月17日，http://www.chinanews.com/cj/2018/06-17/8539815.shtml。

②　李晔：《从一颗水果领悟进口的意义》，《解放日报》2018年7月29日。

③　吴乐珺、郑琪：《"美国加征关税是错误的，我们很受伤害"》，《人民日报》2018年8月10日。

④　章念生、胡泽曦：《美国对华龙虾出口呈井喷式增长》，《人民日报》2017年11月8日。

饮料、酒类、母婴用品的选择已非常丰富。2018年4月，泰国出口榴
梿12万吨，其中5.6万吨进入中国市场，同比增长700%，而这主要得
益于中国电商平台的销售火爆。①

值得注意的是，中国市场庞大而持续的进口需求也正在催生许多
贸易带动投资的新模式，颠覆了人们在过去长期形成的固有认知。例
如，"庄游"是一家致力于帮助国内消费者全球寻宝的中国初创企业，
只要众筹达到一定人数和规模，或买或租，海外的橄榄油、葡萄酒庄
等便成了你的专属庄园，用户大多是对高品质生活有追求的国内一、
二线城市的白领。短短两年之内，该公司已牵手德国、西班牙、马
来西亚等10余个国家的35个庄园，为国内消费者生产橄榄油、葡萄
酒、石斛等产品。自从与中国做成生意，这些庄园主不再需要每年辗
转全球、通过参加各个展会来敲定订单，他们只需用心做好生产。在
首届进口博览会上，"庄游"100平方米的展位为更多希望打开中国
市场大门的海外庄园主提供了入口。再如"德亚"，这是一个在德国、
澳大利亚同时注册的乳品品牌，采用德、澳奶源在当地生产后再出口
至中国，在中国进口乳品市场中占有相当份额。但是，它的商标持有
者却是来自上海的品渥食品股份有限公司。目前，德国和澳大利亚共
有5家奶制品工厂为德亚品牌"代工"，其中包括德国第三大乳品企
业，这些工厂甚至愿意迎合中国消费者需求而专门开发常温酸奶生产
线。据悉，这种由中国商家在国内和海外同时注册品牌，而原料和生
产均在海外进行再进口至国内的产业分工新模式，目前在乳品、啤酒
饮品、糕点等食品界已并不鲜见。②同样，近年来日本大阪的高品质

---

① 汪瑾：《电商平台推动泰国对华榴梿出口大增》，2018年5月24日，http://www.
xinhuanet.com/2018-05/24/c_1122883895.htm。

② "庄游"和"德亚"两个案例均来自解放日报社资深记者李晔的授权分享，特此致谢。参
见李晔：《从一颗水果领悟进口的意义》，《解放日报》2018年7月29日。

牙刷备受亚洲尤其是中国消费者青睐，上海慎兴制刷有限公司抓住时机，在大阪设置生产基地并突出"日本制造"标识，专门面向中国市场销售。鉴于泰国榴梿在国内销售火爆，天猫、京东、苏宁等电商平台都已实行了产地直采、国内直销的模式，有的还直接在泰国承包了榴梿生产基地。

可以说，伴随着中国内需消费市场的急剧扩张，传统的"两头在外"（原料和市场在海外，生产在国内）模式正在发生快速重构，新的"两头在外"（原料和生产在海外，市场在国内）形态将越发常见。在此意义上，中国和许多国家都要逐渐适应从"向中国买什么"到"向中国卖什么"和"在中国制造"向"为中国制造"的转变，而这也正是中国同时成为"世界工厂"和"世界市场"所带来的深刻变革，"买全球、卖全球"将成为中国参与全球经济合作的新常态。

对美、欧、日等发达经济体而言，中国追求高质量发展和高品质生活所带来的进口需求是全方位的，尤其是在医疗、教育、养老、体育、文化、金融、高科技、农产品等领域，这些国家所能提供的优质商品和服务有着巨大的市场潜力。对于许多发展中国家和新兴经济体而言，除了传统的矿产、能源、粮食出口之外，需要思考如何进一步满足中国日益多元化的市场需求，在中国产业升级和消费升级的进程中寻找到新的定位和商机。进口博览会是各国分享中国市场红利的重要平台和渠道，而这仅仅只是中国持续扩大进口的一个开始。

三、对全球经贸格局的影响

作为世界第二大经济体，中国也是全球第一大工业国、第一大货物贸易国、第一大外汇储备国、第二大进口市场、第二大对外投资国和第二大消费市场，是名副其实的"世界工厂＋世界市场"。伴随着进口博览会的举办，中国持续扩大进口将给处于动荡中的全球经贸格局带来多重正面效应。

首先，中国扩大进口为贸易战阴影下的世界经济提供了积极预期。当前，全球政治经济格局正经历快速转型重组，逆全球化、贸易保护主义、经济民族主义和民粹主义等思潮抬头，地缘政治热点此起彼伏，美国发起的贸易战加剧了全球市场的恐慌情绪，使各方对世界经济复苏前景充满忧虑。国际货币基金组织预测，美国的贸易战举措将引发不断升级、持续的贸易对抗，使世界经济复苏进程脱轨，中期增长前景受到抑制。[1]摩根大通评估认为，全球范围的贸易冲突将减少贸易量、中断全球供应链，并打击企业和消费者信心，未来两年全球经济增速有可能下滑0.2%、0.4%甚至1.4%。[2]作为经济全球化和多边自由贸易体制的受益者和维护者，中国的政策选择在相当程度上影响着开放型世界经济的走势。

十九大报告明确指出，"中国支持多边贸易体制，促进自由贸易区建设，推动建设开放型世界经济"。在首届中国国际进口博览会开幕式上，习近平主席再次强调，"中国推动建设开放型世界经济的脚步不会停滞"，"中国将坚定不移奉行互利共赢的开放战略，实行高水平的贸易和投资自由化便利化政策"，"真诚向各国开放市场"。据商务部统计，从2001年加入世界贸易组织到2017年，我国货物贸易、服务贸易进口额累计分别达20万亿美元、3.7万亿美元，对外直接投资超过1.1万亿美元，吸收外商直接投资超过1.6万亿美元，为各国创造了大量贸易机会、投资机会和就业岗位。[3]其中，货物贸易进口额年均增

---

① IMF, *World Economic Outlook Update*, July 16, 2018, p.1.

② 聂琳：《贸易战对全球经济增长伤害有多大？》，2018年7月4日，https://pit.ifeng.com/a/20180704/58980026_0.shtml.

③ 钟山：《开放的中国与世界共赢——写在〈中国与世界贸易组织〉白皮书发表之际》，《人民日报》2018年7月2日。

长13.5%，是全球平均水平的2倍；服务贸易进口额年均增长16.7%，是全球平均水平的2.7倍。[①]世界贸易组织的数据则显示，从2003—2017年，中国进口货物总额占全球进口市场的份额由5.4%增长至10.5%，提高5.1个百分点，而同期美国、德国、日本的进口份额分别下降3.2%、1.3%和1.2%；进口服务总额占全球进口市场的份额由3.8%增长至9.1%，而同期美国、德国的进口份额分别下降了0.1%和1.4%。[②]我国经济体量巨大，工业体系完备，拥有近14亿人口的广阔市场空间，形成了世界上规模最大的中等收入群体。在产业升级和消费升级的进程中，有很大的进口潜力有待挖掘、需求有待满足。未来5年，我国预计将进口超过10万亿美元的商品和服务；未来15年，中国进口商品和服务将分别超过30万亿美元和10万亿美元。因此，以举办进口博览会为契机主动扩大进口，中国将为正面临巨大不确定性的世界经济尤其是广大发展中经济体提供积极预期，并带来长期、可持续的发展机遇。

其次，中国扩大进口有助于扩大全球总需求和贸易规模。当前，世界经济仍未走出国际金融危机的深度影响，总需求不足是造成经济复苏乏力、贸易增长迟缓的重要原因。以"一带一路"建设和扩大进口为契机，中国正在为扩大全球总需求、促进世界经济再平衡作出积极贡献。比较2008年和2017年，国际金融危机爆发10年来中国在全球进口贸易中的份额从6.2%上升到了10.2%，进口贸易额增加了约7 900亿美元（其中货物进口额增加7 093亿美元），占全球进口贸易增量的31%。若仅计算货物进口增量，则中国的贡献率高达57%，是全球进口贸易增长名副其实的"稳定器"和"火车头"。[③]作为世界主要

① 国务院新闻办公室：《中国与世界贸易组织》，2018年6月28日。
②③ WTO, *World Trade Statistical Review 2018*, July 2018, pp.122&192–194，184–195.

大宗商品进口国，即使是在经济增速放缓的背景下，2017年中国进口原油、铁矿砂、大豆等商品量也分别比上年增长5%、10.1%、13.9%，进口均价分别上涨29.6%、28.6%、5%，对稳定大宗商品价格、拉动原材料出口国经济复苏起到了重要作用。[①]作为全球最大的中间品贸易大国，中国的中间品贸易占全球中间品贸易的30%左右，有着巨大的零部件和资本品需求，有助于带动欧盟、日本、韩国、东盟等地的出口。

值得指出的是，中国坚定倡导和践行贸易投资自由化便利化理念，持续为各国优质商品和服务进入中国市场降低制度性成本，为扩大全球贸易规模创造积极条件。在全面履行加入世贸组织承诺的基础上，中国多次以暂定税率方式大幅自主降低进口关税税率。自2018年以来，我国陆续出台降低关税新措施，覆盖日用消费品、工业品、药品、汽车等，关税总水平降至7.5%，略高于欧盟，低于大多数发展中国家。中国加快推进国际贸易"单一窗口"建设和海关通关一体化改革，2017年全国进口货物海关通关时间为15.9小时，比2016年减少约1/3。[②]举办进口博览会不是中国降低进口成本的开始，而是致力推动贸易便利化的集中体现。一方面，围绕进口博览会，中方搭建了与之配套的线上与线下、综合与专业相结合的"6天+365天"一站式交易服务平台，积极推进覆盖展前、展中、展后的供需对接，为各国优质商品和服务进入中国市场提供多渠道、多模式、多元化服务，和中国消费者之间建立起便捷的绿色通道。另一方面，与进口博览会同步，我国持续下调部分汽车、抗癌药物、日用消费品进口关税，在审批、通关、检验检疫等多个进口环节进行制度创新，进

---

① 国家统计局综合司：《中国的发展是世界的机遇》，2018年4月12日，http://www.stats.gov.cn/statsinfo/auto2074/201804/t20180412_1593480.html。
② 杜海涛：《去年货物通关时间减少1/3》，《人民日报》2018年1月26日。

一步减少流程、压缩时间，持续降低制度性成本。仅2018年7月1日起实施的降低日用消费品进口关税，涉及税目多达1 449个，是前四次日用消费品降税税目总数的7倍。在全国最忙碌的上海口岸，通过推行无纸化货物查验、报关电子委托代理等方式，2018年一季度进口平均通关时间压缩至10.43小时，比去年同期进口通关时间缩短54%；在采用"提前申报"模式后，货物到港后只需1天就可以提货，而在传统到港申报模式下则需要5天。①对于外国尤其是发展中国家的企业和商品而言，这些举措有助于提升其在中国市场的知晓度和竞争力。

　　第三，中国扩大进口有助于促进跨境贸易与投资联动。在中国市场需求扩张的带动下，许多产业的全球供应链布局有可能发生改变，越来越多的外国企业将根据中国消费者的喜好开展贸易和投资。以开拓中国市场为目标，形成了多种新型跨国投资策略与合作动向。例如，中国新希望集团牵头厚生投资、新加坡淡马锡等组成财团，收购了澳大利亚宠物食品生产商Real Pet Food Co.，旨在将后者旗下品牌引进中国市场。再如，由于日韩化妆品品牌擅长推出适合亚洲人皮肤的护肤品，日益受到中国消费者的青睐，法国欧莱雅已将收购日韩品牌作为扩大中国市场份额的重要举措。同时，中国市场的前景与潜力也会吸引更多有竞争力的外国企业来华投资，过去受关注较少的发达国家"隐形冠军"企业和发展中国家企业将更多地为中国消费者所知。

　　围绕国内市场需求，将有越来越多的中国企业开展针对性的海外投资并购，继而把当地特色商品出口至中国。在此过程中，我国企业、金融机构、咨询机构、跨境电商等需要更深入地参与到东道国尤其是

---

　　①　上海海关:《上海口岸通关再提速》，2018年5月18日，http://shanghai.customs.gov.cn/shanghai_customs/423446/423447/1868967/index.html。

发展中国家的生产和出口环节中，增加中国元素在东道国对华出口商品产业链中的存在感。这既能提升东道国对华出口能力，帮助其更精准有效地满足中国消费者的实际需求，也能在相当程度上改善中国企业的海外投资环境，使中国扩大进口和"一带一路"建设真正惠及各国人民。[①]对许多中国企业而言，这种以本国市场为出口对象的海外投资并购模式，也有助于其减少盲目决策和无序经营，更好地管控风险。一些中国企业在海外投资中已越来越多地思考学习当地先进经验，推动国内产业发展。以在智利收购5个果园的佳沃鑫荣懋为例，"通过这些果园企业可以接触到当地先进的种植和管理技术，同时也更深入地了解智利市场"，"从智利农场学到的许多经验被用在国内的农场，起到了很好的效果"。[②]佳沃鑫荣懋还进一步与智利水果种植巨头Hortifrut公司成立了合资公司，旨在推动中国的水果种植业进入产业链上游，争取在供应端发力。

第四，中国扩大进口有助于促进全球包容均衡普惠发展。当前，在世界经济结构性低迷的大背景下，发展赤字、和平赤字和治理赤字困扰着各国尤其是广大发展中国家，一些新兴经济体陷入了增长失速、外债高筑、外资逃离、货币贬值的泥潭。作为世界第二大经济体和第一大货物贸易国，中国已深度融入经济全球化进程，不可能在外部环境恶化、贸易伙伴发展乏力的情况下独善其身。习近平总书记曾在多个国际场合强调，"2008年爆发的国际金融危机启示我们，引导经济全球化健康发展，需要加强协调、完善治理，推动建设一个开放、包容、普惠、平衡、共赢的经济全球化，既要做大蛋糕，更要分好蛋糕，着力解决公平公正问题"，"我们要主动作为，适度管理，让

---

①　关于中国企业参与东道国生产和出口环节的论述，得益于和第一财经研究院王琳研究员的讨论，特此致谢。

②　侯露露：《智利，跃升中国第一大水果来源地》，《人民日报》2017年3月27日。

经济全球化的正面效应更多释放出来，实现经济全球化进程再平衡"，"让不同国家、不同阶层、不同人群共享经济全球化的好处"。[1]据统计，从2009年起，我国就一直是最不发达国家第一大出口市场，吸收了最不发达国家1/5的出口，已对36个建交且已完成换文手续的最不发达国家97%的税目产品实施了零关税。[2]自2013年以来，中国深入推进"一带一路"建设，为沿线国家注入了新的发展动能，创造了大量的税收和就业岗位，提升了基础设施互联互通和贸易投资便利化水平。

进口博览会是中国以扩大本国市场开放为切入点、主动分享中国发展红利的开放型贸易合作载体，为解决全球发展赤字和治理赤字提供了新的公共产品。在这个平台上，各国尤其是发展中国家有了更多展示本国发展成就和市场机遇的机会，企业尤其是中小企业有了更多推介优质商品和服务的渠道，普通中国人也拥有了更多购买优质消费品的选择。值得指出的是，中国不仅为参加首届进口博览会的国家和企业提供帮助和支持，还向每个参会的最不发达国家免费提供2个标准展位，用以展示服装及日用消费品、食品及农产品、保健品等最富本国特色的优质产品以及当地丰富的旅游资源和人文特色，并为其有针对性地组织开展供需对接会、洽谈会、投资说明会等配套经贸活动。中远海运也给予发展中国家和最不发达国家及地区的展品运费减免，提供优质优惠的境外运输服务解决方案。在2018年9月的中非合作论坛北京峰会上，习近平主席进一步宣布，"中国决定扩大进口非洲商品特别是非资源类产品，支持非洲国家参加中国国际进口博览会，免除

---

① 习近平：《共担时代责任　共促全球发展——在世界经济论坛2017年年会开幕式上的主旨演讲》（2017年1月17日，达沃斯），《人民日报》2017年1月18日；习近平：《共同构建人类命运共同体——在联合国日内瓦总部的演讲》（2017年1月18日，日内瓦），《人民日报》2017年1月20日。
② 国务院新闻办公室：《中国与世界贸易组织》，2018年6月28日。

非洲最不发达国家参展费用"。①这将使最不发达国家有更多机会参与到全球经贸合作和产业分工中，通过扩大出口提升自主发展能力，进而为实现联合国2030可持续发展议程创造条件。

最后，虹桥论坛为加强国际经贸政策沟通搭建了对话平台。当前，世界经济已走到了一个充满不确定性的十字路口。一方面，伴随着经济全球化进程的深入推进，各国经贸和产业纽带早已紧密联结，形成了你中有我、我中有你的利益交互格局。另一方面，新的发展动能尚未形成，美国发起的贸易摩擦有升级趋势，各国经贸和货币政策分歧扩大。要对话还是要对抗，要共发展还是要贸易战，要扩大开放还是要保护主义，这些都是各国决策者必须直面的重大抉择。在此背景下，需要通过高规格的多边性交流对话平台，加强国际经贸领域的政策沟通与协调。面对"百年未有之大变局"，在联合国总部、G20峰会、上合组织峰会、达沃斯论坛、"一带一路"国际合作高峰论坛、博鳌亚洲论坛等许多国际场合，习近平主席都向世界阐述了中方坚定支持贸易自由化、建设开放型世界经济、扩大对外开放的立场主张，赢得了国际社会的广泛赞誉。中国也为推动各方加强经贸政策协调、共同维护国际多边贸易体制，付出了巨大努力。在首届进口博览会期间，中国和世界贸易组织、联合国贸发会议、联合国工发组织等一道举办虹桥国际经贸论坛。虹桥国际经贸论坛相当于经贸领域的博鳌论坛或中国版达沃斯论坛，各方围绕国际经贸重大、热点问题开展深度对话和探讨，就国际经贸发展新趋势、新变化、新动态展开思想碰撞，为新时期世界经济发展大计贡献了智慧和方案。在这个平台上，开放、包容、普惠、平衡、共赢的新型经济全球化理念得到重申，新兴市场国家和

---

① 习近平：《携手共命运　同心促发展——在二〇一八年中非合作论坛北京峰会开幕式上的主旨讲话》（2018年9月3日，北京），《人民日报》2018年9月4日。

发展中国家的诉求和主张有了更多机会得到表达，各方也将从中国新一轮扩大开放进程中寻找到新机遇。诚然，我们也必须承认，进口博览会和虹桥论坛的功能终究是有限的，全球经贸秩序的前景仍系于各方尤其是主要经济体的抉择与行动。

结　语

　　进口是一个国家配置全球资源的主要形式。在全球化的今天，越来越多国外优质的有形商品和无形服务借由进口来到中国市场，在国家经济发展和日常生活的各个领域都发挥着不容忽视的重要作用。对于生活在上海等大城市里的普通消费者而言，在短短两三天内就能买到最新鲜的加拿大海鲜、新西兰牛奶和智利水果，进口消费的种类、品质和速度都早已不可同日而语。作为新时代中国主动扩大进口和开放市场的集中体现，举办中国国际进口博览会为我国进一步扩大对外开放、更有效配置全球资源按下了"快进键"。

一、打造永不落幕的进口博览会

作为"不一般"的展会，中国国际进口博览会由习近平总书记亲自谋划、亲自提出、亲自部署推动，是名副其实的新时代第一展，具有重要的全局和战略意义。那么，我们该如何全面准确把握进口博览会的内涵呢？概而言之，它同时具有三重含义。

一是"展会"。即它是全球首个以进口为主题的国家级博览会，从2018年11月起每年在上海国家会展中心举办，是国家贸易投资综合展、企业商业展和虹桥国际经贸论坛的"三合一"，集展示、交易和论坛等功能于一体。自2017年5月"一带一路"国际合作高峰论坛上宣布以来，各方按照习近平总书记"努力办成国际一流博览会"的指示精神，着力吸引"一流企业"和"一流产品"，提供"一流环境"和"一流服务"。在短短一年半时间里，首届进口博览会从无到有，从中国倡议发展为全球机遇，取得了中外客商云集、展位供不应求、社会广泛关注的"一流成效"。

二是"合作平台"。即它是由中国倡议搭建、服务各国的开放型经贸合作平台，是推进"一带一路"建设、引领全球包容互惠发展的国际公共产品，将向世界分享中国市场的巨大红利。在这个平台上，各国尤其是"一带一路"沿线发展中国家可以集中展示国家发展成就和推介市场投资机遇，境外参展企业尤其是中小企业可以充分展示最新、最好、最有特色的商品与服务，我国采购商无需出国就能与全球各大供应商面对面洽商交易，各地方政府可以开展针对性和高质量的招商引资，普通中国人在家门口就能买遍全球，关于全球经贸发展走向的各种思想理念得以充分争鸣碰撞。正是在此意义上，习近平总书记强调，"这是个大平台，今后要年年办下去"，"而且要办出水平、办出成效、越办越好"。

三是"政策宣示"。即它是中国推动新一轮高水平对外开放的标志性工程，是坚定支持贸易自由化、主动向世界开放市场的重大举措，亮明了中方面对逆全球化、保护主义、民粹主义抬头的态度立场。以此为契机，中国向世界明确承诺将持续扩大开放、扩大进口，支持多边贸易体制，推动建设开放型世界经济。通过主动扩大优质商品、技术和服务进口，降低进口环节的各项制度性成本，使各方能够更为便捷地进入和开拓中国市场。

从1957年的广交会到2018年的进口博览会，这个"不一般"的展会举办背后反映的不仅是中国对外贸易从出口导向到进出口平衡的历史变迁，也是新时代中国经济发展方式、国内和国际两个市场互动方式的深刻转型。

随着中国经济进入高质量发展的新阶段，内需和消费已成为经济增长的"主引擎"，人民群众对高品质生活的向往也更为强烈。过去，中国在全球经济分工中的主要身份是"世界工厂"，为各国提供了大量质优价廉的"中国制造"。今天，中国既是全球最主要的生产基地，也日益成为规模最大、成长最快的消费市场，正呈现出"世界工厂＋世界市场"的双重特征。这些新变化都要求中国更为主动地扩大开放、扩大进口，更高效地配置和运筹全球资源，更充分地利用国际市场加速国内产业升级和消费升级进程。作为一个"买全球、卖全球"的综合性进口促进平台，首届进口博览会既涉及货物贸易，也包括服务贸易；既覆盖汽车、食品、农产品、医疗器械、医药保健、家电、消费电子、服装箱包、珠宝首饰、家居用品等各种与普通人衣食住行关系密切的消费品，也包括人工智能、工业机器人、数字化工厂、物联网、信息通信技术装备、航空航天技术装备以及关键零部件等各类有助于"中国制造"转型升级的工业品。借助进口博览会的"平台效应"和"绿色通道"，国内市场需求和国际市场供给能够更精准快速地实现对接，许多原先少为人知的外国优质商品和服务也将在中国市场寻找到新的机遇和归属。

因此，以举办进口博览会为契机扩大进口，不是中国在"贸易战"压力下的被动之举、权宜之计，而是运用全球资源实现高质量发展和高品质生活的主动作为、长远举措。这也决定了，进口博览会不是一时、一地的展会，而是立足长远、力争永不落幕的标志性工程。

打造永不落幕的进口博览会，体现了中方持续扩大进口、主动开放市场的坚定承诺。从时间上看，"三合一"形式的进口博览会每年只举办6天，但以此为中心搭建的"6天+365天"一站式展示交易平台则将服务全年。从空间上看，进口博览会的主办地在上海，前往国家会展中心参展的国家和企业、参访的普通群众也终究是有限的，但它的溢出效应却是全方位、普惠式的。与进口博览会相配套，我国将持续在关税、审批、通关、检验检疫等多个进口环节降低制度性成本，探索跨境服务贸易负面清单管理模式，切实提升贸易自由化便利化水平，优化营商环境，加强知识产权保护，使进口博览会红利真正惠及各方尤其是企业和消费者。同时，在虹桥国际经贸论坛上产生的智慧、理念、倡议更是将超越时空界限，为建设开放型世界经济贡献有益的思想产品。

二、推动形成全面开放新格局

中国国际进口博览会是以习近平同志为核心的党中央推进新一轮高水平对外开放的一项重大决策，是我国主动向世界开放市场的一个重大举措。因此，开放是进口博览会的本质属性。

改革开放40年来，中国充分发挥自身比较优势，主动和快速融入全球经济合作大潮，对外开放的深度和广度不断拓展，不仅为促进世界经济平稳增长作出了重要贡献，也使自身逐渐成长为全球第二大经济体、第一大工业国、第一大货物贸易国和第一大外汇储备国。尤其是中共十八大以来，我国加快构建开放型经济新体制，大力推动共建"一带一路"，积极参与全球经济治理，在全球产业链、价值链中的地位显著提升。可以说，中国今日的发展成就在很大程度上得益于持续扩大开放，开放的国际环境也锻造了中国经济的竞争力和抗风险能力。十九大报告进一步提出，"推动形成全面开放新格局"，"推动建设开放型世界经济"，"中国开放的大门不会关闭，只会越开越大"。此后，习近平总书记也在多个国际场合重申了中方的这一坚定立场和承诺。在首届中国国际进口博览会开幕式上，习近平再次强调："中国推动更高水平开放的脚步不会停滞！"

举办进口博览会和主动扩大进口，正是我国致力于推动形成全面开放新格局的直接体现。一方面，我国经济已由高速增长阶段转向高质量发展阶段，社会主要矛盾已转向人民日益增长的美好生活需要和不平衡不充分的发展之间的矛盾。适应和满足高质量发展、高品质生活的最新要求，成为新时代推动对外开放升级的根本出发点和落脚点。以举办进口博览会为契机，我国将扩大先进技术装备、关键零部件进口，在客观上有助于加快国内产业升级进程；扩大优质消费品、农产品和服务进口，能够更好地满足人民群众个性化、多元化、差异化需求，为扩大内需消费创造积极条件。另一方面，当前我国已成为世界第二大经济体，中国消费大市场对世界经济增长的带动作用日益明显，国际社会也对中国有了更多期待。积极支持建设开放型世界经济和打造人类命运共同体，是新时代推动对外开放升级的责任担当和价值追求。以举办进口博览会为契机，我国将进一步扩大本国市场开放，有助于各方更充分地分享中国发展的红利。①

　　推动形成全面开放新格局，既包括开放范围扩大、领域拓宽、层次加深，也包括开放方式创新、布局优化、质量提升。②这一系列新变化，在进口博览会和扩大进口上体现得尤其明显。具体而言，我国正从融入全球经济分工和贸易网络为主，向积极贡献中国方案、主动搭建新型合作平台转变；从以输出"中国制造"为主，向实施更积极的进口政策、促进进出口平衡发展转变；"引进来"工作从以吸引外商来华投资为主，向引进外资和扩大进口联动转变；"走出去"工作从以开拓海外市场为主，向兼顾海外市场和本国市场需求转变；进口的形式从以货物贸易为主，向货物贸易和服务贸易协调发展转变；进口的目的从以满足工业生产为主，向同时满足产业升级和消费升级转变；进口的对象从以发达国家和原材料出口国为主，向发达国家、发展中国家和不发达国家并重转变；传统的"两头在外"（原料和市场在海外，生产在国内）模式正在发生快速重构，新的"两头在外"（原料和生产在海外，市场在国内）形态将越发常见……对于中国和世界而言，这是一幅正在快速浮现且日益清晰的新图景，"在中国制造"和"为中国制造"、"卖全球"和"买全球"将同步发生、同等重要。

　　根据十九大报告规划的路线图，新时代推动形成全面开放新格局将从扎实推进"一带一路"建设、加快贸易强国建设、改善外商投资环境、优化区域开放布局、创新对外投资合作方式、促进贸易和投资自由化便利化等方面重点推进。③以进口博览会为契机扩大进口，将为实施这些战略部署发挥积极作用。它是推动共建"一带一路"转向高

　　① 钟山：《新时代推动形成全面开放新格局》，《求是》2018年第1期；钟山：《奋力谱写新时代对外开放新篇章》，《求是》2018年第17期。
　　② 汪洋：《推动形成全面开放新格局》，载本书编写组编著：《党的十九大报告辅导读本》，人民出版社2017年版，第58页。
　　③ 汪洋：《推动形成全面开放新格局》，第61—65页。

质量发展的重要平台载体，有助于拓宽贸易畅通渠道，做大全球贸易增量，促进对外贸易、吸引外资和对外投资三者的有机联动。以庞大的中国市场需求为依托，将引导我国和外国企业更为合理地配置全球资源，优化产业链和供应链布局。同时，举办进口博览会和持续扩大进口也有助于培育和强化沿海、内陆、沿边的一批贸易节点城市功能，推动自由贸易试验区深化改革创新，提升中外贸易投资自由化便利化水平，助力建设开放型世界经济，使中国扩大开放的溢出效应真正惠及各方。需要指出的是，经过40年的改革开放，我国已更有能力和经验把握对外开放的节奏、力度，在确保国家经济安全的基础上适度扩大进口，使更多全球优质资源服务于国家发展和人民福祉。

三、共建开放型世界经济

习近平总书记在2018年6月召开的中央外事工作会议上指出，"当前，我国处于近代以来最好的发展时期，世界处于百年未有之大变局，两者同步交织、相互激荡"。[①]在某种意义上，中国国际进口博览会正是我国"历史交汇期"和"世界转型过渡期"交织激荡下的产物。

种种迹象表明，当今世界已走到了一个关键的十字路口，不确定、不稳定因素增多。在经济发展方面，世界经济仍未走出国际金融危机的后续效应，面临着增长动能不足、发展失衡、治理赤字等一系列问题。在政治安全方面，地区热点问题此起彼伏，恐怖主义、网络安全等非传统安全威胁持续蔓延。在此背景下，逆全球化、贸易保护主义、单边主义、民粹主义等思潮抬头，各国经贸货币政策分歧扩大，美国

---

① 新华社：《坚持以新时代中国特色社会主义外交思想为指导　努力开创中国特色大国外交新局面》，《人民日报》2018年6月24日。

挑起的贸易摩擦加剧了全球市场恐慌。要对话还是要对抗，要"共发展"还是要"贸易战"，要扩大开放还是要保护主义，这些都是各国尤其是主要大国必须直面的重大抉择。

"一花独放不是春，万紫千红春满园。"面对"百年未有之大变局"，尤其是世界经济增长动能不足和发展失衡，作为全球第二大经济体的中国付出了巨大努力，贡献了中国智慧、中国方案。习近平总书记在多个场合强调，"随着综合国力上升，中国有能力、有意愿向亚太和全球提供更多公共产品"，"我们要主动作为，适度管理，让经济全球化的正面效应更多释放出来，实现经济全球化进程再平衡"，"各国都应拿出更大勇气，积极推动开放合作，实现共同发展"，"欢迎各国搭乘中国发展的'顺风车'"。在理念上，中国倡导更加开放、包容、普惠、平衡、共赢的新型全球化，坚定维护多边自由贸易体制，支持建设开放型世界经济。在行动上，中国积极致力于扩大全球总需求，通过共同"做大蛋糕"而不是零和博弈的方式，为世界经济实现联动式发展寻找出路。近年来，中国陆续向国际社会提供了"一带一路"、亚投行、中欧班列等一系列公共产品，为实现世界经济再平衡催生了新的需求，赢得了广泛的关注和赞誉。

中国国际进口博览会则是新时代中国以扩大本国市场开放为切入点，为促进各国共同发展而搭建的又一个包容性巨大的开放型合作平台，将建立起各国优质商品、服务与中国市场之间便捷的绿色通道，是推动"一带一路"建设向高质量发展转变的重要抓手。以此为契机主动扩大进口，有助于在全球层面扩大总需求和贸易规模，为世界经济增长注入新动能，为改善全球发展赤字提供了新路径，使"一带一路"建设真正造福各国人民。这种寻求"共发展"而不是"贸易战"的思路，正是中国在应对当前全球变局中的责任担当，也标志着中国已逐渐从开放型世界经济的"参与者""融入者"成长为"建设者""引领者"。

在过去很长时期内，中国对世界经济的贡献主要在于强大的工业生产和出口能力。未来，扩大进口、向世界各国分享中国内需消费市场的巨大红利，同样是中国对国际社会的重大贡献。作为"世界工厂＋世界市场"，中国扩大进口将覆盖到高端制造业、先进服务业、日用消费品、优质农产品和资源性产品等各个行业领域，为各国提供庞大、稳定、可持续的进口需求。从统计数据来看，中国正在和即将成为越来越多国家（或某些行业）的最大出口市场，中国市场需求的增长也日益对各国的产业发展和贸易路线产生重要影响，全球进口贸易增长的"火车头"已属于中国。改革开放伊始，中国货物进口总额占全球份额尚不足1%，到2017年已达到全球进口总额的1/10；国际金融危机以来的10年里，中国对全球货物进口增长的贡献率超过五成，"中国市场"的重要性可见一斑。

未来5年，中国预计进口10万亿美元的商品和服务；未来15年，中国进口商品和服务将分别超过30万亿美元和10万亿美元。对于中国经济而言，适度扩大进口有助于促进产业升级、消费升级、贸易升级和开放升级。地方发展、企业投资经营和普通人日常生活，也将从中寻找到各自的机遇。对于广大进口对象伙伴而言，这不仅将创造可观的贸易收入、带动相关产业的长期发展，更将创造出持续增长的就业岗位，切实改善和提高对象国人民的福利。发达国家将从中国对高端制造业和先进服务业的巨大需求中寻找到广阔市场空间；发展中国家也将在传统的矿产、能源、粮食出口之外，在中国市场的多元需求中寻找到新的分工与商机；不发达国家有了更多机会参与并融入全球价值链，通过扩大出口提升自主发展能力，进而为顺利实现联合国2030可持续发展议程创造条件。

因此，伴随着"中国市场"的崛起，进口博览会和扩大进口正在成为中国经济与世界经济实现联动发展的新路径。在此过程中，中国与各国的相互依赖程度将进一步加深，有助于改善我国外部发展环境，促进全球包容性增长和共享型发展，为推动构建人类命运共同体添砖加瓦。

简言之，中国国际进口博览会是新时代中国致力于实现与各国合作共赢的重要尝试。从源头上看，它来自中国，是一项中国方案，体现了中国担当。从结果上看，它属于世界，是一项公共产品，契合各方利益。它不是中国一家的独唱，而是世界各国的大合唱。在世界经济前景晦暗不明和中国改革开放再出发的双重背景下，高规格举办进口博览会和主动扩大进口也向国际社会展现了中国与各方在"新时代，共享未来"的愿景与行动。我们有理由相信和期待，这一由中国倡议、惠及世界的国际公共产品将如同"一带一路"倡议一样，广结善缘、务实推进，为建设开放型世界经济、构建人类命运共同体作出新的更大的贡献。

参考文献

一、官方文献

习近平:《共建创新包容的开放型世界经济——在首届中国国际进口博览会开幕式上的演讲》(2018年11月5日,上海),《人民日报》2018年11月6日。

习近平:《携手共命运 同心促发展——在二〇一八年中非合作论坛北京峰会开幕式上的主旨讲话》(2018年9月3日,北京),《人民日报》2018年9月4日。

习近平:《顺应时代潮流 实现共同发展——在金砖国家工商论坛上的讲话》(2018年7月25日,约翰内斯堡),《人民日报》2018年7月26日。

习近平:《弘扬"上海精神" 构建命运共同体——在上海合作组织成员国元首理事会第十八次会议上的讲话》(2018年6月10日,青岛),《人民日报》2018年6月11日。

习近平:《开放共创繁荣 创新引领未来——在博鳌亚洲论坛2018年年会开幕式上的主旨演讲》(2018年4月10日,海南博鳌),《人民日报》2018年4月11日。

习近平:《决胜全面建成小康社会 夺取新时代中国特色社会主义伟大胜利——在中国共产党第十九次全国代表大会上的报告》(2017年10月18日),《人民日报》2017年10月28日。

习近平:《携手推进"一带一路"建设——在"一带一路"国际合作高峰论坛开幕式上的演讲》(2017年5月14日,北京),《人民日报》2017年5月15日。

习近平:《共同构建人类命运共同体——在联合国日内瓦总部的演讲》(2017年1月18日,日内瓦),《人民日报》2017年1月20日。

习近平:《共担时代责任　共促全球发展——在世界经济论坛2017年年会开幕式上的主旨演讲》(2017年1月17日,达沃斯),《人民日报》2017年1月18日。

习近平:《中国发展新起点　全球增长新蓝图——在二十国集团工商峰会开幕式上的主旨演讲》(2016年9月3日,杭州),《人民日报》2016年9月4日。

李克强:《在第八届中国—中东欧国家经贸论坛上的致辞》(2018年7月7日,索非亚),《人民日报》2018年7月8日。

李克强:《政府工作报告——二〇一八年三月五日在第十三届全国人民代表大会第一次会议上》,《人民日报》2018年3月23日。

李克强:《在第七届中国—中东欧国家经贸论坛上的致辞》(2017年11月27日,布达佩斯),《人民日报》2017年11月28日。

汪洋:《推动形成全面开放新格局》,《人民日报》2017年11月4日。

国务院:《国务院关于加强进口促进对外贸易平衡发展的指导意见》(国发〔2012〕15号),2012年4月30日。

国务院办公厅:《国务院办公厅转发商务部等部门关于扩大进口促进对外贸易平衡发展意见的通知》(国办发〔2018〕53号),2018年7月9日。

国务院办公厅:《国务院办公厅关于加强进口的若干意见》(国办发〔2014〕49号),2014年10月23日。

国务院新闻办公室:《关于中美经贸摩擦的事实与中方立场》,2018年9月24日。

国务院新闻办公室:《中国与世界贸易组织》,2018年6月28日。

国家发改委:《2017年中国居民消费发展报告》,人民出版社2018年版。

国家统计局:《中华人民共和国2017年国民经济和社会发展统计公报》,2018年2月28日。

国家统计局:《中国统计年鉴2017》,中国统计出版社2017年版。

国家统计局综合司:《中国的发展是世界的机遇》,《经济日报》2018年4月18日。

上海市人民政府办公厅:《上海市人民政府办公厅关于印发〈上海市决战中国国际进口博览会200天行动计划〉的通知〉(沪府办〔2018〕24号),2018年4月16日。

商务部:《中国服务进口报告2018》,2018年11月6日。

商务部:《关于中美经贸关系的研究报告》,2017年5月25日。

中国国际进口博览局:《10万亿市场的历史机遇》,《中国投资》2018年第13期。

钟山:《新时代高水平对外开放的里程碑——写在首届中国国际进口博览会圆满闭幕之际》,《求是》2018年第22期。

钟山:《奋力谱写新时代对外开放新篇章》,《求是》2018年第17期。

钟山:《新时代推动形成全面开放新格局》,《求是》2018年第1期。

钟山:《开放的中国与世界共赢——写在〈中国与世界贸易组织〉白皮书发表之际》,《人民日报》2018年7月2日。

钟山:《新时代 新平台 新实践——认真学习党的十九大精神,全面把握举办中国国际进口博览会的重大意义》,《人民日报》2017年11月6日。

IMF, *World Economic Outlook Update*, July 16, 2018.

US-China Business Council, *State Export Report*, April 2018.

WTO, *World Trade Statistical Review 2018*, July 2018.

二、相关研究著作

第一财经商业数据中心、天猫国际:《2017天猫国际年度消费趋势报告》，2018年2月6日。

傅自应主编:《中国对外贸易三十年》，中国财政经济出版社2008年版。

国家发改委国际合作中心对外开放课题组:《中国对外开放40年》，人民出版社2018年版。

胡大龙:《进口在中国贸易强国战略中的作用研究》，人民出版社2017年版。

江小涓:《中国开放30年：增长、结构与体制变迁》，人民出版社2008年版。

刘鹤主编:《两次全球大危机的比较研究》，中国经济出版社2013年版。

隆国强主编:《构建开放型经济新体制》，广东经济出版社2017年版。

宋泓主编:《中国进口：战略与管理》，社会科学文献出版社2009年版。

袁立珍:《中国近代洋货进口与消费转型研究》，中央编译出版社2012年版。

朱春兰:《进口贸易与经济增长：基于中国的实证研究》，浙江大学出版社2012年版。

邹磊:《"一带一路"：合作共赢的中国方案》，上海人民出版社2016年版。

邹磊:《中国"一带一路"战略的政治经济学》，上海人民出版社2015年版。

后 记

　　现在呈现在大家面前的这本小册子，是我对中国国际进口博览会的一些初步思考。自从2017年5月14日习近平主席在"一带一路"国际合作高峰论坛上宣布将举办进口博览会开始，我就一直关注留心着这一重大主场外交和国际盛会的各项进展。近年来，我主要在从事"一带一路"相关的教学研究工作，进口博览会给了我持续观察"一带一路"建设的新切入点。工作、生活在上海，我得以就近见证它如何从无到有，从默默无闻到妇孺皆知。现在以著作的形式加以系统表达，也是对这段历程的最好总结。

　　当前，我国面临的外部形势发生明显变化，世界正处于"百年未有之大变局"。在此背景下，以举办进口博览会和扩大进口为契机主动向各国开放市场，正是我国致力于推动形成全面开放新格局、建设开放型世界经济和构建人类命运共同体的有力举措。今天，中国已不再仅仅是"世界工厂"，而是同时具有强大生产能力和消费潜力的"世界工厂+世界市场"，可以更主动地运用全球资源推动实现高质量发展和高品质生活，也有条件为国际社会作出新的更大的贡献。

　　为了让更多人理解进口博览会的来龙去脉，我在书中尝试了一种将学术性、政策性和故事性"三合一"的写作方式和叙述风格，希望能够对不同知识背景的读者都有所助益。至于这种探索是否成功，只能留待读者评判了。

　　感谢中共上海市委党校副校长郭庆松教授信任，本书是其主持的中宣部重大项目"习近平总书记关于改革开放重要论述研究"的阶段性成果之一；沈炜校长亲自提供多张进口博览会现场精美图片，为本书增色不少；唐颖主任也支持将拙著作为中共上海市委党校（上海行政学院）智库研究2018年首部著作。感谢上海市商务委信任，这也是我主持的上海市人民政府决策咨询研究商务专项课题《上海改革开放再出发开放型经济发展路径与举措调研》的部分成果。

在本书的写作、出版和推广过程中，我得到了许多师友的支持和指点，尤其要感谢上海市商务委毛慧红、上海市新闻办尹欣、第一财经日报王琳、解放日报李晔和王珍、上海证券报徐汇和宋薇萍、上海市宗教文化研究中心管欣怡、上海市委党校王公龙、上海市徐汇区委组织部沈萍、上海市发改委黄超明、佛吉亚李隽等老师的热心帮助。上海人民出版社的齐书深和黄玉婷两位老师为确保本书如期出版付出了大量心血，我的导师、复旦大学国际政治系主任徐以骅教授一如既往地给予我最大程度的支持，在此衷心感谢。诚然，对于书中可能出现的错漏，文责自负。

本书最初于首届中国国际进口博览会前夕出版，并在进口博览会新闻中心现场展示，得到许多读者的关注和肯定，取得了良好的社会反响。为了及时反映首届进口博览会的最新进展，尤其是习近平主席在开幕式上的重要讲话精神，我又在第一时间进行了相应的补充和修订，以期向各方呈现一幅尽可能完整、精彩的进口博览会图景。

由于中国国际进口博览会是一项全新事物，对它的认识很可能远跟不上日新月异的实际进展。受到时间和学力所限，本书仍有很大的改进空间，但我对完成本书的态度始终认真而真诚。我也由衷期待着能得到更多方家和读者的赐正，任何意见建议请发至leizou10@163.com，谢谢！

邹　磊　谨识

2018年10月3日第一版

2018年11月16日修订于沪

图书在版编目（CIP）数据

中国国际进口博览会与全面开放新格局/邹磊著.
—— 上海：上海人民出版社，2018
ISBN 978-7-208-15490-2

Ⅰ.①中… Ⅱ.①邹… Ⅲ.①国际贸易－进口贸易－
博览会－概况－中国 Ⅳ.①F752.61-282

中国版本图书馆CIP数据核字(2018)第237504号

责任编辑 黄玉婷
封面设计 陈　酌

中国国际进口博览会与全面开放新格局
邹　磊　著

出　　版　上海人民出版社
　　　　　（200001　上海福建中路193号）
发　　行　上海人民出版社发行中心
印　　刷　上海商务联西印刷有限公司
开　　本　720×1000　1/16
印　　张　13.25
插　　页　2
字　　数　161,000
版　　次　2018年12月第1版
印　　次　2019年1月第2次印刷
ISBN 978-7-208-15490-2/F·2560
定　　价　58.00元